34 故事HOME
天天遊臺灣
大湖
TAIWAN

編輯序

當孩子不愛讀書……

慈濟傳播人文志業中心出版部

親師座談會上，一位媽媽感嘆說：「我的孩子其實很聰明，就是不愛讀書，不知道該怎麼辦才好？」另一位媽媽立刻附和，「就是呀！明明玩遊戲時生龍活虎，一叫他讀書就兩眼無神，迷迷糊糊。」

「孩子不愛讀書」，似乎成為許多為人父母者心裡的痛，尤其看到孩子的學業成績落入末段班時，父母更是心急如焚，亟盼速速求得「能讓孩子愛讀書」的錦囊。

當然，讀書不只是為了狹隘的學業成績；而是因為，小朋友若是喜歡閱讀，可以從書本中接觸到更廣闊及多姿多采的世界。

問題是：家長該如何讓小朋友喜歡閱讀呢？

專家告訴我們：孩子最早的學習場所是「家庭」。家庭成員的一言一行，尤其是父母的觀念、態度和作為，就是孩子學習的典範，深深影響孩子的習慣和人格。

因此，當父母抱怨孩子不愛讀書時，是否想過——

「我愛讀書、常讀書嗎？」

「我的家庭有良好的讀書氣氛嗎？」

「我常陪孩子讀書、為孩子講故事嗎？」

雖然讀書是孩子自己的事，但是，要培養孩子的閱讀習慣，並不是將書丟給孩子就行。書沒有界限，大人首先要做好榜樣，陪伴孩子讀書，營造良好的讀書氛圍；而且必須先從他最喜歡的書開始閱讀，才能激發孩子的讀書興趣。

根據研究，最受小朋友喜愛的書，就是「故事書」。而且，孩子需要聽過一千個故事後，才能學會自己看書；換句話說，孩子在上學後才開始閱讀便已嫌遲。

美國前總統柯林頓和夫人希拉蕊，每天在孩子睡覺前，一定會輪流摟著孩子，為孩子讀故事，享受親子一起讀書的樂趣。他們說，他們從小就聽父母說故事、讀故事，那些故事不但有趣，而且很有意義；所以，他們從故事裡得到許多啟發。

希拉蕊更進而發起一項全國的運動，呼籲全美的小兒科醫生，在給兒童的處方中，建議父母「每天為孩子讀故事」。

為了孩子能夠健康、快樂成長，世界上許多國家領袖，也都熱中於「為孩子說故事」。

其實，自有人類語言產生後，就有「故事」流傳，述說著人類的經驗和歷史。

故事反映生活，提供無限的思考空間；對於生活經驗有限的小朋友而言，通過故事可以豐富他們的生活體驗。一則一則故事的累積就是生活智慧的累積，可以幫助孩子對生活經驗進行整理和反省。

透過他人及不同世界的故事，還可以幫助孩子瞭解自己、瞭解世界以及個人與世界之間的關係，更進一步去思索「我是誰」以及生命中各種事物的意義所在。

所以，有故事伴隨長大的孩子，想像力豐富，親子關係良好，比較懂得獨立思考，不易受外在環境的不良影響。

許許多多例證和科學研究，都肯定故事對於孩子的心智成長、語言發展和人際關係，具有既深且廣的正面影響。

為了讓現代的父母，在忙碌之餘，也能夠輕鬆與孩子們分享故事，我們特別編撰了「故事home」一系列有意義的小故事；其中有生活的真實故事，也有寓言故事；有感性，也有知性。預計每兩個月出版一本，希望孩子們能夠藉著聆聽父母的分享或自己閱讀，感受不同的生命經驗。

從現在開始，只要您堅持每天不管多忙，都要撥出十五分鐘，摟著孩子，為孩子讀一個故事，或是和孩子一起閱讀、一起討論，孩子就會不知不覺走入書的世界，探索書中的寶藏。

親愛的家長，孩子的成長不能等待；在孩子的生命成長歷程中，如果有某一階段，父母來不及參與，它將永遠留白，造成人生的些許遺憾——這決不是您所樂見的。

推薦序

童心中的臺灣美景

孫雲平（國立中央大學哲學研究所教授兼所長）

本書的作者林雅萱小姐，是中央大學哲研所的畢業校友，同時也是我們哲研所的助教。年前我才意外發現，她竟然還有另一個身分——童書作家！學校的行政工作是極其雜多繁瑣的；在我看來，案牘勞形跟文學創作是兩個截然不相容的活動，卻在雅萱的身上奇妙的結合了！

我揣度可能的原因如下：一則在於雅萱的性格，另則跟哲學的研究學習有關。就雅萱個人特質而言，一方面顯示她還是一個童心未泯的人，居然可以在有限的公餘時間裡，擠出閒暇——主要是還能有閒情逸致——來為孩童寫作；除非是這個上班族本身懷藏著一顆赤子之心，在忙碌的工作與生活之餘還同時想著如何從孩童的角度發現關於這些名勝景點的各種問題與現象。另一方面，我不得不說雅萱也可算是一位「心機女」，才有能耐在假日出遊時不僅是純粹的放鬆身心，同時還隨時注意觀察各個景點的歷史典故、地理特徵、民情風俗。

至於忙碌生活跟文學創作能結合的另一項可能原因，我歸之於哲學的訓練。正如詩人與藝術家能以有別於平常人的眼光來觀看世界一般，受過哲學訓練的人也彷彿帶著哲學的眼鏡來觀察生活與周遭的世界；非但不會受到事務繁忙的羈絆，反而正因為對於生活表象的洞察，而更能深入人生與文化的底蘊。當然，在本書中，我們的作者並沒有故意賣弄任何哲學的玄理，反倒是將哲學的反思與提醒融入溫潤細緻的小故事裡。

本書的作者塑造幾個可能就是在你我身邊的家庭角色，藉著爺爺賦與從外國返居臺灣的小孫子重要任務——將臺灣的三十個知名景點解碼，讓讀者的我們得以重新認識臺灣這塊土地。不僅是在地理上的意義，同時也包括歷史的、社會的、人文的意義；且不只是過去的傳統，也涵蓋了當代的價值以及未來的展望。通過閱讀本書，絕對不是只有從國外來臺灣的觀光客或孩童能增加對臺灣的瞭解，也能讓我們這些在臺灣長大、久居於此的成人重新認識臺灣。我相信讀完這本書，會讓大多數的讀者有想環島旅行的衝動，再次去探訪那些或許我們曾經去過、卻似乎並未充分領略其美感與意義的景點。

作為讀者的我們，猶如故事主角的天天；不過，我們不會僅止於讓我們的孩子期盼到處去破解或確認那些傳承的故事與密碼。當我們帶著自己的孩子一起閱讀本書並「按圖索驥」的去旅遊時，我們同時為我們的親子關係增添了知性與感性的成分。這是一本好書，幫助我們帶著童心來經歷臺灣的美麗！

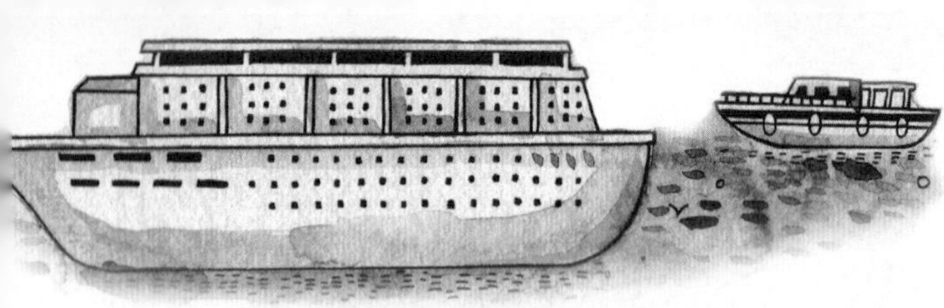

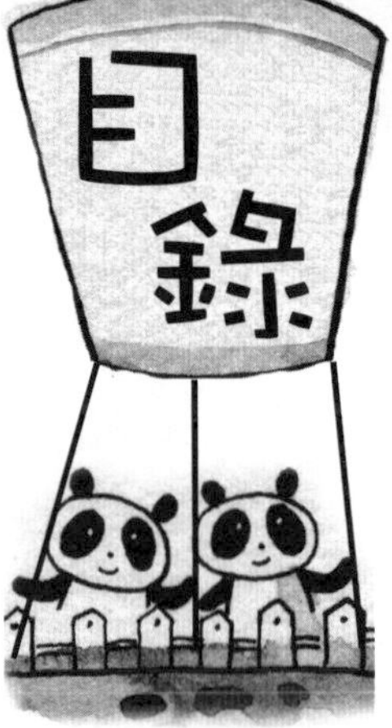

目錄

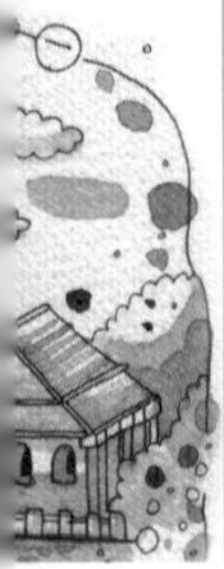

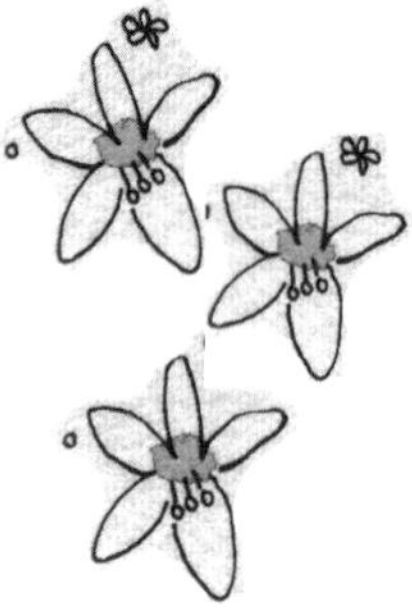

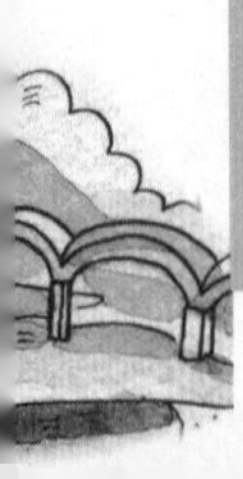

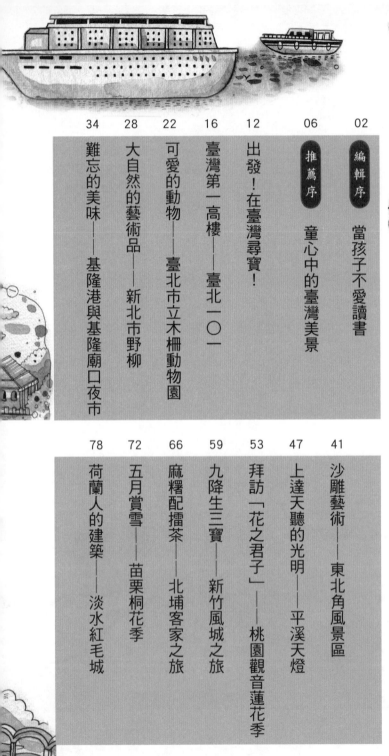

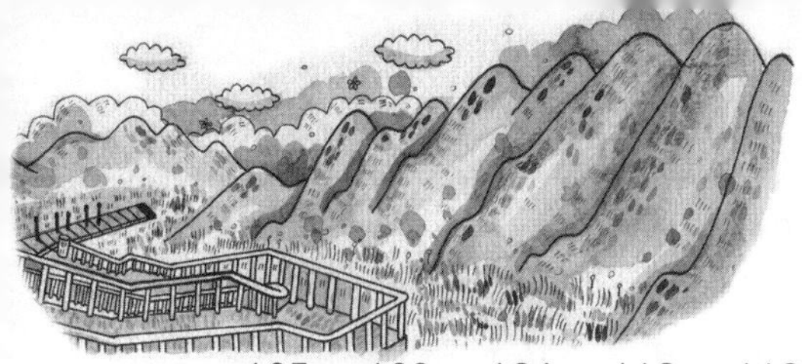

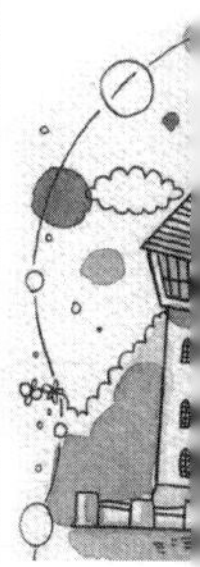

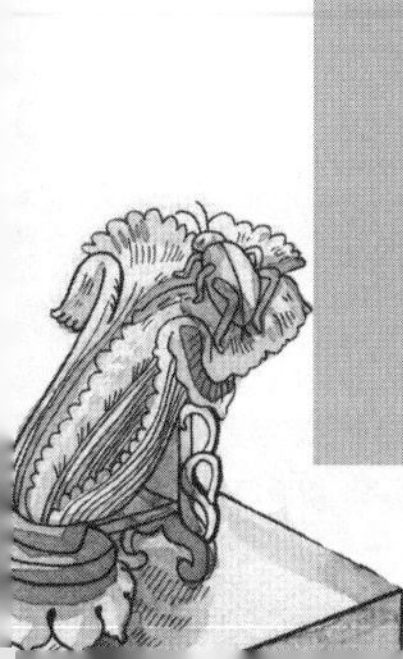

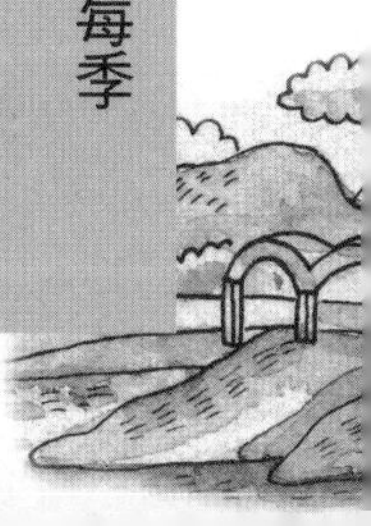

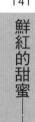

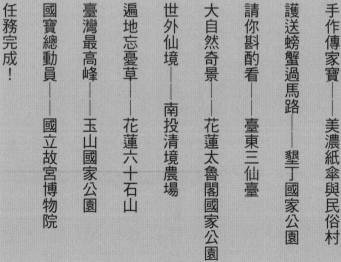

出發！在臺灣尋寶！

生活在美麗的寶島臺灣，有許多不同的風景名勝、多元的文化、溫潤的人情；身為這塊土地的一分子，更應該對臺灣的人、事、物有相當程度的熟悉。不過，有的小朋友知道日本有富士山，卻不知道臺灣的玉山是亞洲第一高峰；有的小朋友聽過美國的大峽谷，卻不知道臺灣也有個美麗的太魯閣峽谷。

天天是一個在美國出生、長大的孩子；雖然爸爸媽媽都是臺灣人，因為長年在美國工作的關係，從來沒有帶天天回過臺灣；天天出生的時候，也是爺爺奶奶搭飛機去美國看這個唯一的孫子！

這一年，天天的爺爺中風了；雖然沒有生命危險，卻也因此下半身行動不便，生活自理較為困難。天天的爸爸是家中獨子；為了照顧爺爺，天天的爸爸辭掉美國的工作，帶著天天回到他的故鄉——臺灣桃園。這對第一次踏上臺灣土地的天天來說，是那樣的陌生，卻也是充滿刺激與冒險的旅程。

爺爺看到這個初回臺灣的小孫子，要適應這裡的語言、飲食文化及生活習慣，對臺灣的認識也是少之又少，因此整天嚷嚷：「想回美國的家！」這讓爺爺很是頭痛。

為了拉近祖孫的距離，也想讓天天更適應、更喜歡臺灣的生活，有一天，爺爺把天天叫到面前，送給他一張「臺灣地圖」，地圖上標示了好多個「星星」符號，總共有三十個。爺爺對天天說：「這是一張藏寶圖呵！三十個星星代表三十個臺灣的名勝景點，每個景點都有謎題需要你去解開；只要解開其中的祕密任務，你就可以獲得一片拼圖；等三十片拼圖都蒐集到的時候，就可以得到爺爺的寶藏嘍！你可以請爸爸媽媽帶你去；每次出發前，爺爺會給你一張任務提示卡，你可以自己找資料；但是，每個地點都必須要靠你自己親自體驗才算過關，而且爸爸媽媽不能告訴你答案呵！好好的去挑戰吧！」

天天覺得這真是一個充滿挑戰的尋寶活動；他很開心的接受這個挑戰，開始他的尋寶之旅。爺爺究竟要給天天的寶藏是什麼呢？小朋友，請你跟著天天一起展開這段尋寶之旅吧！

臺灣第一高樓——臺北一〇一

今天是週末假日，也是個萬里無雲的好天氣；媽媽拉開窗簾，輕聲的喚醒天天。陽光撒在天天的臉上，讓他有點睜不開眼睛。他拉起被子遮住臉說：「媽媽，今天不是不用上學嗎？讓我再多睡一會兒吧！」

媽媽笑著說：「快起床啦，小懶豬，爸爸和媽媽今天要帶你去臺北玩，聽說是一個很了不起的地方呵！」媽媽故作神祕的樣子，讓天天相當好奇，便趕快起床梳洗準備。

「爸爸，我們到底要去哪裡啊？」吃早餐時，天天忍不住問爸爸。

「我們要去的是鼎鼎有名的『臺北一〇一大樓』！」爸爸笑著說，

「它曾經是世界第一高樓呢！」

聽到「世界第一高樓」，天天感到有點害怕跟不安，因為他最怕高了；一聽到「世界第一高樓」，就覺得腳底發麻。

媽媽看出天天的不安，溫柔的摸著天天的頭說：「別擔心，一○一大樓是一幢非常安全的建築物，因為它有鎮樓之寶——風阻尼球，可以減低大樓受強風吹襲時的擺動，讓我們在大樓裡不會感到不舒服。」媽媽的話讓天天安心不少。

早餐過後，一家人都坐上爸爸開的車前進臺北。當車子快到臺北的高速公路上，爸爸就看到一○一大樓出現在左前方，趕快叫天天往這方向看。

那是一幢比其他大樓高出許多、外觀像是一節一節向上堆砌的大樓。天天興奮的叫著：「我們就是要去那裡嗎？看起來好像竹子一節一節的向上長呵！」

終於到了一〇一大樓，爸爸把車停好，全家人一同到五樓售票處購買入場券後，便搭乘金氏世界紀錄裡最快速的電梯直上八十九樓觀景臺。天天還來不及表示害怕，這部電梯就以每分鐘一〇一〇公尺的速度、只花了三十七秒就載送天天一家到達觀景臺了。

出了電梯，到了標高三八二公尺的八十九樓觀景臺，映入眼簾的是一片一望無際的景觀，在這裡可以眺望整個大臺北的美景。

天天小心翼翼的從這個曾經是世界第一高樓的觀景臺向下看；雖

然腳底有點發麻、心裡有點害怕，當他看到眼前的景觀時就全忘了：臺北市的大街小巷都變得好小，所有的汽車都變成像火柴盒一般，腳下的公園、寺廟，就像是小人國的建築。

天天克服恐懼，忍不住的搜尋著曾經去過的地方。這時，爸爸拿出了爺爺給的第一張任務卡：從一〇一上找到國父紀念館、小巨蛋、圓山飯店、陽明山。

天天很認真的找出爺爺任務卡的景點，感覺站在這裡就彷彿可以快速的到達這些地方。

爸爸對天天說：「古人說『登泰山而小天下』，意思是說登上泰山後視野廣闊，天下景物都感覺很渺小；大概就像我們現在從這裡向下看的感覺吧！」

天天接著要去參觀一〇一的鎮樓之寶——風阻尼球。爸爸說：「這可是世界最大、也是世界最重的風阻尼球，它的直徑達五點五公尺，總重量達六百六十公噸，是唯一外露供參觀的風阻尼球呵！」

當天天一家人來到這個位於八十七樓到九十二樓的樓層中央位置，看到這個壯觀的風阻尼球，他不禁對這個大球起了敬佩之意——就是這個大球守護了一〇一大樓的安全啊！也對工程人員的智慧豎起大拇指！

天天回家前到紀念品店買了一張一〇一的風景明信片，和爸爸一同寫上：「登東山而小魯，登泰山而小天下」的字句，投入了世界最高郵筒寄回家作紀念，為這次的旅程畫下完美的句點。

給小朋友的貼心話

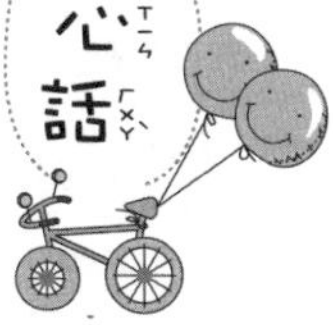

「登東山而小魯，登泰山而小天下」出自《孟子．盡心篇上》。意思是說，人所站的地方越高，視野就越寬廣；隨著視野廣闊，對人生及世界也會有較多元、開闊的領悟。閱讀及旅行，也是令視野高遠開闊的方法呵！

可愛的動物——臺北市立木柵動物園

小朋友最期待的校外教學活動又快來嘍！學校這次計畫到臺北市立木柵動物園進行校外教學。為了這次活動，天天在出發日的前一個晚上和媽媽去買了好多零食、餅乾，準備要跟同學分享。

天天期待和同學一起旅行已經好久了。因為他是家裡的獨生子，沒有和兄弟姊妹一起出遊、打打鬧鬧的樂趣；所以，他特別期待這次的校外教學，心情興奮得幾乎讓他睡不著呢！

今天一大早，吃早餐的時候，爺爺給了天天一張任務卡，希望讓天天可以藉由這次校外教學活動也能多認識臺灣本土的動物；爺爺在任務卡上寫著：「找尋臺灣國寶熊，以及五種臺灣特有的動物，寫下名稱並拍照。」天天笑著接下今天的任務卡。

剛進教室，教室裡同學們嘰嘰喳喳的討論著，大家也都很期待呢！

老師點過名後，大家排隊搭乘遊覽車，浩浩蕩蕩的往臺北市立木柵動物園出發嘍！一路上同學有說有笑，開心的把零食餅乾拿出來一起分享，大家還一起在車上唱卡拉ＯＫ；就在歡笑與歌聲中，似乎沒多久就到達動物園了。

老師先提醒小朋友不能隨意餵食動物、要愛護小動物之後，便帶著全班同學進入動物園參觀。大家興高采烈的看了熱門的企鵝、無尾熊、還有團團、圓圓跟小圓仔。當大家看到貓熊胖嘟嘟的樣子加上兩個招牌的黑眼圈，熱烈的討論起來：

「團團跟圓圓的屁股好大呵！」

「他們的黑眼圈好像被人打了一拳呢！」

「黑眼圈好像我媽媽畫的煙燻妝耶！」

「哈哈哈！所以你媽媽畫的是熊貓妝嘍！」

大家你一言、我一語的開心討論，每個展區的可愛小動物都讓同學們驚呼連連。

雖然天天很喜歡團團、圓圓跟小圓仔胖嘟嘟的可愛模樣，他還是一心想著要去看臺灣的國寶熊到底長什麼樣子——還有爺爺指定的任務要完成呢！所以就跟老師說：「老師，我想去看臺灣的國寶熊！」

天天主動的想認識臺灣特有的動物，讓老師很開心，就帶著大家去參觀「臺灣鄉土動物區」。

這個區展示臺灣的原生動物與棲息環境，並模擬了動物原生棲地的生態環境，包括梅花鹿、臺灣黑熊、臺灣獼猴、臺灣山羌、野豬、白鼻心、赤腹松鼠、水獺、臺灣長鬃山羊、大冠鷲等動物，還有幾乎絕跡的珍貴品種，如臺灣雲豹、藍腹鷴等動物，都是他在美國從來沒有看過的動物呢！

天天看著臺灣黑熊胸前那個白色、大大的「V」字標記，覺得這個標記十分帥氣，好像穿著西裝呵！這時，臺灣黑熊剛好像人一樣站立起來，露出大大的白色V字，天天連忙自拍了一張珍貴的相片。參觀完之後，天天就在任務卡上寫下了臺灣黑熊、臺灣獼猴等五種臺灣特有動物的名字，完成了今天的任務。

回程的時候，老師特地帶著大家去搭乘「貓空纜車」。天天搭的是水晶車廂，腳底是透明的，可以清楚的看到下方的樹林；「我好像是表演『草上飛』的武林高手呵！」天天開心的說。

天天還看到有一個長長的煙囪，上面畫了一隻長頸鹿的圖案；老師說那是焚化爐，人們看到這個「特大長頸鹿」時，就會聯想到動物園就在附近！

天天覺得可惜的是，今天沒有看完全部的動物；他心裡決定，下次要請爸爸再帶他來一次！

給小朋友的貼心話

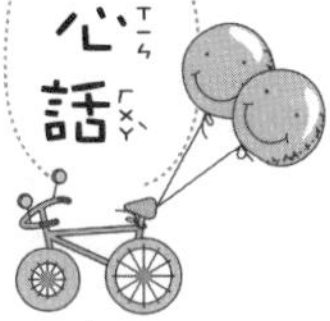

小朋友，每種動物吃的東西都不一樣，習慣也不同；到動物園遊玩時，如果每個人都隨便餵小動物吃東西，牠們會不會因此吃得太飽、或吃了太多不該吃的東西而不舒服，甚至生病呢？

大自然的藝術品——新北市野柳

今天是個風和日麗的好天氣，媽媽說想去海邊走一走。

「去野柳吧！」爸爸說，「再不去看看女王頭，恐怕它就快消失不見了！」

天天到爺爺的房間去跟爺爺請安問好時，告訴爺爺他們要去野柳。爺爺笑著說：「臺灣是個海島，有許多海洋資源，藉著海水與風的力量，創造出許多美麗的自然藝術品，『野柳』就是一個可以看到大自然鬼斧神工的地方呵！」

爺爺從抽屜裡拿出今天的任務卡，慢慢寫下：尋找「凝視海邊的女王」、「女王的繼承人俏公主」、「仙女遺忘的鞋子」，還有「吹不熄的蠟燭」。

爺爺又拿出了一張老照片，上面是爺爺、奶奶帶著小時候的爸爸在一個大石頭旁邊開心的笑著。眼尖的天天很快就發現——那塊石頭好像英國女王的頭呢！「你真厲害！這就是你今天的任務之一。爺爺走不動了，不知道女王頭現在變成什麼樣子了？去幫爺爺拍張照片回來吧！」

天天非常好奇，到那裡究竟會看到什麼呢？

到達野柳後，天天就開始他的尋寶任務了。他被各種奇形怪狀、像是石雕般的石頭吸引，看到許多像「蘑菇」造型的石頭，這就是「蕈狀岩」。原來，野柳的岩層主要是由一千萬至兩千五百萬年前的厚層砂岩所構成，著名的蕈狀岩就分布在這層岩石中；其表面因海膽及貝殼等海生物沉積，漸漸與砂石膠結成較硬的結核，相較於頸部的純粹砂石來得不易風化；於是，經風化後形成上大下小的一朵朵「蘑菇」。

尋尋覓覓，天天總算找到了任務卡上的「女王頭」，它也是眾多蘑菇中的一朵。這個原本沉睡大海的石頭，經大自然四千年的「琢磨」，令平凡的蕈狀岩化身為頸部修長、臉部線條優美、宛如凝視遠方的女王，因此得到「女王頭」的美名。

爸爸跟媽媽說，小時候他們也曾經到這裡來旅行，當時感覺女王頭比較大呢！其實，這是蕈狀岩受到風化後出現的不同變化——從一開始的無頸期，漸漸風化成粗頸期、細頸期到最後只好「斷頭墜

地」；所以，有一天女王可能會斷頭的！還好最近出現了「女王的繼承人俏公主」，天天趕緊替爺爺拍下照片留念！

接著，天天又繼續尋找「仙女遺忘的鞋子」以及「吹不熄的蠟燭」。因為找得太專心，差點兒滑倒跌進海裡，嚇了爸爸媽媽一跳！爸爸提醒天天要注意安全，曾經有人為了拍照而跌進海裡呢！

爸爸帶著天天來到一座雕像前面說：「民國五十三年三月十八日這天，天氣惡劣，一名來這裡玩的學生不小心掉進海裡。當時有位叫林添楨的小販，立刻跳進海裡救人；但是，風浪太大，結果兩個人都被海浪捲走了。人們為了紀念他捨己救人的精神，便立了這座塑像來紀念他。」

知道了這段故事，天天提醒自己，外出遊玩也要注意安全才行！

找呀找，天天終於找到了「仙女鞋」和「吹不熄的蠟燭」。「吹不熄的蠟燭」原來就是「燭臺石」，「燭火」其實是岩層中的一顆球形結核。當海水侵蝕砂岩時，較硬的球形結核就突出地面；海浪會繞著結核四周流動、拍打，而侵蝕它周圍的砂岩，就這麼向下挖出一圈溝槽。由於結核外圍的一帶環圈比較堅硬，海水依著環圈的形狀向下侵蝕出圓錐狀的外形，形成燭臺的部分，一個維妙維肖的燭臺石就產生了。讓人們不得不讚歎，大自然真是太神奇了！

今天順利完成了爺爺的任務，天天心裡真是太佩服大自然這位偉大的藝術家了！

給小朋友的貼心話

小朋友，有機會到野柳欣賞女王頭時，記得不要用手觸摸呵！經過風化作用，女王頭已經很脆弱；再有不當外力，很可能會斷頭哩！大家一起用心保護自然景觀吧！

難忘的美味——基隆港與基隆廟口夜市

「爸爸！夜市是什麼？我聽同學說他們好喜歡逛夜市，可以吃小吃、坐小火車、打彈珠、射飛鏢還有夾娃娃，好多好玩的東西呵！我也好想去！」星期五的晚餐時間，天天不停說著從同學那裡聽來的「夜市超好玩」。

聽他這麼一說，勾起了爸爸和媽媽對夜市的回憶。到美國之後，天天的爸爸就非常懷念臺灣的夜市；因為美國的商店很早就打烊，沒有夜市可逛。

「夜市」據說從宋朝就有了。天天聽了好驚訝，夜市竟然有這麼久遠的歷史！真希望有機會去夜市逛逛呢！

爸爸說：「爺爺常帶我到基隆廟口夜市，我最愛的是廟口的泡泡冰！看著老闆用手攪拌著杯子裡的冰；吃下一口綿綿密密的冰沙，真是爽快！」

被勾起童年記憶的爸爸，決定明天一早先到基隆走走，晚上再到廟口吃小吃。

知道天天要去基隆玩，爺爺又拿出了他的任務卡；這次的任務，是要天天到基隆的國家一級古蹟「二沙灣砲臺」去參觀，回來後還要告訴爺爺砲臺的另一個名稱是什麼。

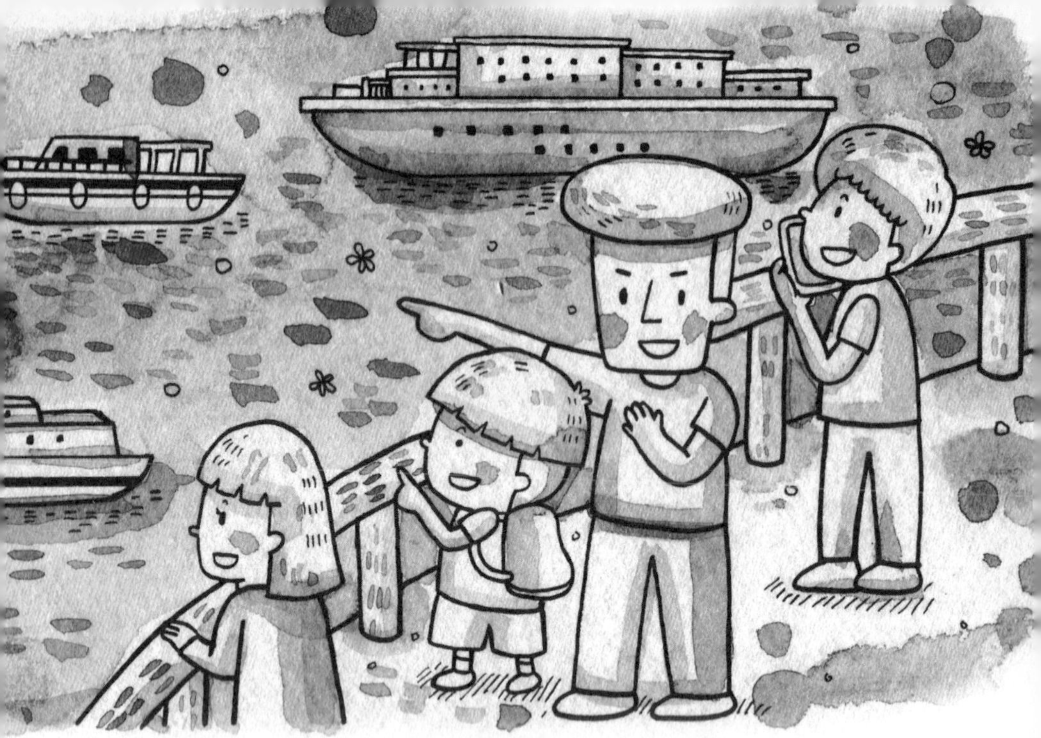

基隆是進出北臺灣的港埠，以前有非常重要的戰略地位，因此建有多處防禦性砲臺。二沙灣砲臺建於清道光年間的鴉片戰爭時期，是正對基隆港出海口的軍事要塞，砲臺就建在臨港山頭的制高點，具備了居高臨下的防守優勢，現在也是觀賞基隆港輪船進出的好位置。

聽到砲臺、軍事防禦，一向喜歡扮演「阿兵哥」的天天馬上立正，

並舉起右手對爺爺敬禮說：「報告長官！我一定會達成任務的！」逗得大家哈哈大笑！

第二天一早，爸爸帶著天天來到了基隆港。看到港口有一艘好幾層樓高的大船，天天驚訝的說：「原來船這麼大啊！好像一幢可以航行的房子呢！」

爸爸笑著說：「那是郵輪啦！可以載著好幾百人一起出海旅行呵！」

然後，爸爸帶他到二〇一四年才新開幕的海洋科技博物館參觀。博物館原本是北部火力發電廠，所以館內還保留了許多發電廠的痕跡，像是卸煤槽、石柱、鋼梁等。其中包含「海洋環境廳」、「海洋科學廳」、「深海影像廳」、「兒童廳」等九個廳。

天天覺得最精采的是兒童廳，這是全國第一個以海洋為主題的兒童樂園。他很喜歡在中央的大型溜滑梯玩，因為他可以把自己當成小水滴，從平面的陸地爬上天空的雲朵中，再沿著假山的表面或是山洞中溜下去；盡情的爬上、滑下，繞來繞去的玩，就好像小水滴從海上到陸地、再從陸地到海裡，完成水的循環。溜滑梯的後面是一艘迷你漁船；天天假裝自己是船長，可以走進駕駛艙開船、在船頭釣魚，也可往下到船艙整理漁獲。天天在這裡玩得非常開心。

後來，天天想到今天的任務：參觀國家一級古蹟「二沙灣砲臺」，並查出另一個名稱是什麼，他趕緊請求爸爸帶他去。沿路經過茂密的森林，蟲鳴鳥叫；爸爸說，可以大口呼吸天然的芬多精呵！爬上了二沙灣山頂的一座城牆時，便能清楚看出城牆依海岸線蜿蜒而建的樣子；牆身以石塊堆砌而成，城門並有「海門天險」的題字；從這裡眺望基隆港口景象，視野十分廣闊。天天氣喘吁吁的說：「這次的任務真難！」

為了犒賞天天辛苦完成任務，爸爸帶他去基隆最有名的廟口夜市吃小吃。這裡有臺灣著名的傳統小吃，人潮眾多，充滿著叫賣聲、嬉笑聲，好熱鬧呵！天天觀察到，在這夜市裡，每個攤位都有自己的編號；人行道的中央設置許多垃圾桶，遊客們也都能配合一起維護夜市的整潔。

天天最期待的就是泡泡冰！當他跟爸爸一起將一大口綿密的冰含在嘴裡時，兩個人都冷得直說：「好冰！好冰！」在歡笑中留下跟爸爸的共同回憶。

給小朋友的貼心話

小朋友，想想看，你曾經在逛夜市的時候隨手亂丟垃圾嗎？亂丟垃圾是很沒有公德心的行為呵！為維護夜市整潔，垃圾一定要丟進附近的垃圾桶，或是回到家後再丟吧！

沙雕藝術——東北角風景區

因為天天一家從美國回到臺灣來照顧爺爺，爺爺的病情明顯好轉許多；他本來只能坐在輪椅上，現在已經漸漸可以拄著拐杖慢慢走了。

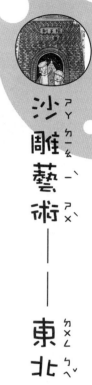

這一天，天氣很好，爸爸說要帶全家一起去福隆海水浴場看沙雕展，順便到附近的風景區騎腳踏車。難得三代同堂出遊，爺爺、奶奶一路笑呵呵；天天也特別高興。

從桃園出發，爸爸特別挑了經由雪山隧道的路，要讓天天見識一下這條全臺灣最長的隧道。在車子要進入雪隧時，天天注意到隧道口標示著「雪山隧道長十二點九公里」，他好奇的問爸爸：「十二點九公里的隧道很長嗎？」「是啊，這可是全臺灣最長、亞洲第二長的隧道呵！」爺爺也說：「雪山隧道的工程十分艱鉅，共花費將近十五年、動員上千名人力才完成呢！」「哇！這真是個很偉大的工程！」天天覺得很了不起。

車子進入隧道後，爺爺突然哼起歌來了：「火車行到伊都，阿末伊都丟，唉唷磅空內。磅空的水伊都，丟丟銅仔伊都，阿末伊都，丟仔伊都滴落來。」

天天沒聽過這首歌，覺得很有趣便想跟著哼。爺爺說：「這首歌叫做〈丟丟銅仔〉。早期火車過山洞時，山洞滴水的聲音滴滴答答，便有人將這樣的輕快聲音以宜蘭調哼出，而演變成這首歌。」

祖孫三代就在說說唱唱的歡樂氣氛中來到了福隆海水浴場的沙雕展。放眼望去，來自各國沙雕藝術家的創作，每件作品都栩栩如生；包括十二星座系列、埃及金字塔、人面獅身、西遊記、還有正在吃竹子的大貓熊，作品都相當精緻新奇，讓天天自己也想堆起屬於自己的沙堡。

爸爸告訴他：「這裡是被世界沙雕協會鑑定為全臺灣最適合堆沙堡的地方呢！」天天便和家人一起在沙灘上堆起了屬於他們的小城堡。

爺爺需要休息，媽媽就陪爺爺奶奶在咖啡店裡喝咖啡。爺爺跟天

天說：「今天給你的任務，就是找到爺爺在車上哼的〈丟丟銅仔〉起源的隧道，並告訴爺爺隧道的兩端分別寫了什麼。」於是，爸爸就帶著天天騎著腳踏車去找那個「磅空」。

他們一路騎到了一個隧道口，爸爸說這就是「舊草嶺隧道」的北端入口，位於新北市境內。隧道口以紅磚砌成圓拱狀，上方有石碑刻著「制天險」的門額，爸爸說這是表示地形險惡的意思。進入隧道內感受到一陣涼爽，令人暑意全消。

這裡曾經是火車經過的地方；由於舊草嶺隧道就在新草嶺隧道旁，每當火車經過時，還可聽到隆隆的火車聲。隧道內的車道地面仿造鐵路軌道形式，照明燈具還使用有復古味道的油燈燈罩。

騎著單車穿越舊草嶺隧道，伴著隆隆的火車聲，真的好像騎在清涼的鐵路隧道內，感覺既新奇又有趣。爸爸哼著〈丟丟銅仔〉這首歌，天天則在隧道內呼喊、聽著回音，玩得好開心。

騎著、騎著，全長二一六六公尺的隧道，很快就到了南端出口的石城，進入了宜蘭縣境。拱型出口的上方，也有一塊石碑刻著「白雲飛處」，石身都已變成黑色，看得出歷經歲月的風霜。

天天終於完成今天的任務，父子倆有說有笑的往回程騎，準備去向爺爺報告嘍！

給小朋友的貼心話

小朋友，福隆的沙雕藝術完全是天然的創作，不加黏著劑及其他裝飾品；展覽過後，沙灘就隨著海浪沖刷，恢復原來的樣子了！如果你有機會和家人到海邊去堆沙堡，記得也要隨手帶走你的垃圾，留下原本美麗的沙灘呵！

上達天聽的光明——平溪天燈

天天第一次在臺灣過元宵節，以前在美國都沒有體驗過「吃元宵、提燈籠」，所以他很期待。為了讓天天更能夠感受臺灣的民俗活動，爺爺特地設計了一個任務讓天天去完成。

爺爺把天天叫來，跟他說了一個故事——

「三國時代的諸葛亮，又叫做孔明，有一次被司馬懿困在平陽這個地方；諸葛亮算準風向，製作紙燈籠後綁上求救信息令其升空，最後終於脫險。後人為了紀念諸葛亮，放『孔明燈』因此逐漸變成節慶儀式；之後流傳到民間，成為凡人向上天許願祈福的媒介。

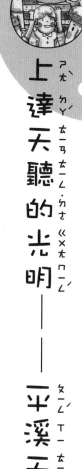

「在臺灣的平溪也有放天燈的活動。相傳早期居民因地處偏僻山區，有盜匪作亂；村民到山中避難，等待危險過後就以天燈作為信號，通報村民可以返家。後來，放天燈的儀式保留下來成為地方民俗，還有祈福納喜的象徵。

「這次爺爺要給你的任務，就是到平溪去放天燈，在天燈上寫下祝福的話，為爺爺祈福好嗎？」

天天很樂意的點點頭，接下這項任務。

平溪天燈節是新北市平溪區在每年元宵節所舉辦的活動，近年來已發展為全臺知名的節慶盛會，每年都有數萬人潮湧入參與。元宵節當天晚上，天燈帶著眾人的祈願飛向天際，「千燈齊放」的場面甚為壯觀；這也是讓臺灣躍上世界舞臺的重要文化遺產，與鹽水蜂炮齊名，有「南蜂炮，北天燈」之稱。

平溪特有的天燈文化不僅曾被美國知名旅遊頻道Discovery評為世界第二大節慶嘉年華，還在二〇一三年初被美國有線電視新聞網CNN選為全世界「最值得參與的五十二件新鮮事」之一；同年更被全球最大的英文旅遊資訊出版商fodor's列入「全世界十四個此生必遊的嘉年華會」，可說是臺灣最具國際知名度的大型節慶之一，與「巴西嘉年華」及「德國慕尼黑啤酒節」齊名呢！

天天在元宵節當天和爸爸媽媽搭乘平溪線的小火車到達平溪。因為時間還早，他在彩繪的小火車上往窗外看，看到了青山綠水，感覺

很舒服。

當小火車經過「大華」這個地方時，天天發現溪邊都是一個個大大小小的洞穴，景象非常特別。他好奇的問爸爸怎麼會這樣呢？爸爸說：「這叫做壺穴。因為河流侵蝕原本凹凸不平的河床基盤岩石，水流通過凹處形成漩渦，然後河水挾帶的砂礫石順著漩渦與凹洞繼續侵蝕岩性堅硬的坑洞；久而久之，小坑洞不斷擴大，最後形成大坑洞。這也是臺灣特別的自然景觀之一呢！」

火車經過一個又一個的山洞，終於到達平溪了；整個小鎮已被擠得水洩不通，大家都是為了這個特別的活動而來的。

爸爸買了一個跟天天差不多高的天燈給他；天天請爸爸教他寫祝福的話，他要親自為爺爺祈福。他依照爸爸說的在天燈上寫下「祝福爺爺身體健康、長命百歲」以及「平安快樂」，然後由天天和媽媽提起燈頭四角並抓住底部竹框，由爸爸負責將金紙點燃，等待燃燒的熱空氣充滿燈內時，順著上拉的浮力放手。天燈隨風飛升，天天抬頭看著萬燈同時施放的壯觀景象，心裡好感動。

其實，爺爺並不是真的要天天特地到平溪去幫他祈福；他的目的是讓天天能夠體驗他出生至今沒有感受過的民俗節慶，讓天天知道臺灣特有的民俗文化及風土人情，讓他小小的心靈能夠親近與喜歡臺灣這塊土地。

給小朋友的貼心話

天燈雖美，卻也引發「易導致火災」的爭議。小朋友，想想看，在知名的文化活動與民眾的安全之間，你會選擇哪一個呢？也可以再動動腦：如何能讓放天燈變得更安全呢？

拜訪「花之君子」——桃園觀音蓮花季

隨著夏天的來到，天色也亮得越來越早。天天陪著爺爺一早起床晨讀，爺爺念著宋朝周敦頤的〈愛蓮說〉：

水陸草木之花，可愛者甚蕃。晉陶淵明獨愛菊；自李唐來，世人盛愛牡丹；予獨愛蓮之出淤泥而不染，濯清漣而不妖，中通外直，不蔓不枝，香遠益清，亭亭淨植，可遠觀而不可褻玩焉。予謂：菊，花之隱逸者也；牡丹，花之富貴者也；蓮，花之君子者也。

「爺爺，您在念什麼呢？」這對從小在美國長大的天天來說實在有些深奧。爺爺笑著說：「那麼，今天給你的新任務就是去看看這『花之君子』蓮花吧！」爺爺便給了天天任務卡：尋找君子之花，並找到傳說中人可以坐在上面的大王蓮花。

夏天來臨，蓮花季也登場了，「南白河、北觀音」已成為觀光產業重要的活動。桃園市觀音區是臺灣的兩大蓮花產地之一，每年五月份起蓮花盛開，吸引大批遊客和攝影師前來一親芳澤。

某個週末，天天一大清早跟著愛攝影的爸爸到了桃園觀音賞蓮；看著清晨中的大片蓮花田，視覺上十分震撼。有白色、粉紅色、黃色等各色蓮花，在清晨露珠的襯托下更顯得清新脫俗，果然像〈愛蓮說〉所形容的：「出淤泥而不染，濯清漣而不妖」，難怪被稱為「花之君子」啊！讓天天在賞花的同時，更瞭解了蓮花的特質。

突然，天天像發現什麼寶藏似的跟爸爸說：「爸爸！您看這個蓮葉上晶瑩剔透的小水珠，一顆一顆圓滾滾的，好像珍珠呵！在蓮葉上滾來滾去，都不會散開耶！」

爸爸很高興天天能觀察到這個奇妙的現象；爸爸說：「這是因為蓮葉有疏水、不吸水的表面，可以讓水因為表面張力而形成一顆一顆的小水珠。我們稱它為『蓮葉現象』。」

爸爸拿出隨身的寶特瓶，在蓮葉上倒下更多的水；小水珠越滾越大，最後因為蓮葉承受不了就滑入蓮花池中了！天天覺得爸爸好像在變魔術，高興的拍手叫好！

後來，天天又看到了一個很像家裡浴室裝的「蓮蓬頭」的東西，爸爸說那就是蓮蓬。浴室的蓮蓬頭應該就是因為長得很像蓮蓬，才取名「蓮蓬頭」吧！蓮蓬裡面有蓮子，可以煮成好喝的蓮子湯。

快到中午時，天天的肚子咕嚕咕嚕的叫了起來，爸爸就帶天天去品嘗蓮花大餐；滿桌蓮花作成的餐點，有荷葉飯、蓮藕湯、甜甜的銀耳蓮子湯，還有蓮花茶——原本一朵含苞待放的蓮花，放入熱水中，就輕輕的展開，綻放成一朵美麗的蓮花。天天覺得真是太奇妙、太好玩了！

午飯過後，天天想到他還有一個任務未完成：找到傳說中人可以坐在上面的大王蓮花。這有點讓天天傷腦筋；他覺得，大大的蓮葉或許可以變成一把小雨傘，怎麼可能支撐一個人的重量呢？

正在煩惱時，突然看到一片一片如小船一樣大小的綠色圓形葉面浮在水上，天天興奮的跑過去問：「先生，請問這是什麼？」這位蓮園的主人說：「這是大王蓮，上面可以坐人呵！小朋友你要不要試試看？」

為了完成任務，天天鼓起勇氣，小心翼翼的踩上蓮葉，身體保持平衡的坐在蓮葉中間，坐起來還滿穩的呢！勇於嘗試的天天，終於完成了今天的任務！

給小朋友的貼心話

古人常用蓮花的「出淤泥而不染」來比喻君子；這是告訴我們，無論在什麼惡劣的環境下，還是要保持良好的品德，決不能將所處的環境當成做壞事的藉口！

九降生三寶——新竹風城之旅

民間有「新竹風、基隆雨」的諺語，說明了這兩個地方的天氣特色，所以新竹也有「風城」之稱。

天天的爸爸從小在這「風城」長大，特別懷念新竹九降風吹出來的「新竹米粉」。剛好爺爺要喝老朋友兒子的喜酒，天天的爸爸便載著一家人回到故鄉新竹。

爸爸一邊開車一邊說：「新竹這幾年變了好多，大樓一幢幢的蓋，唯獨這新竹風卻一點也沒變！」天天看著窗外的樹被風吹得搖搖晃晃，乍看之下好像颱風天呢！

藉著來到新竹的機會，平時在新竹科學園區工作的爸爸順便帶大家到園區參觀。爸爸介紹說：「新竹科學工業園區是臺灣第一個科學園區，涵蓋範圍橫跨新竹市東區與新竹縣寶山鄉；園區廠商以經營電子代工服務為主，是臺灣的高科技產業集中地，和爸爸在美國時工作的矽谷很像，所以有『臺灣矽谷』的稱譽呢！」天天這才知道，爸爸上班的地方原來在這裡啊！

喝喜酒的時間還早，爺爺想讓天天到東城門圓環去參觀早期舊城門的建築。爺爺指著舊城門上寫的「迎曦門」說：「你爸爸像你這麼小的時候，常常跟著我從新竹火車站附近的老家走到這裡來哩！」

「這是清朝時期建立的城池，名為淡水廳城，又名竹塹城——

『竹塹』這個詞是由平埔族原住民語音譯的。這座城建於清朝雍正元年（西元一七二三年），是當時淡水廳的廳治所在，現在的磚石城牆則是於一八二九年秋天完工。竹塹城外挖築壕溝為護城河，是目前臺灣少數僅存的護城河。

「我們常用『竹塹城』來指整個新竹市，連餅都取名竹塹餅。竹塹城現今唯一留存的迎曦門，是二級古蹟。此外，新竹城隍廟也是古蹟之一呵！」

爺爺緩緩說著舊城門的故事；天天看著這個古老的城門，也聽得津津有味。

爺爺又說：「身為新竹人，你一定要知道『新竹三寶』。這就是

爺爺今天給你的任務卡：品嘗九降風威力產生的新竹三寶。」

天天好奇的問：「九降風是什麼？新竹三寶又是什麼？」

爸爸說：「新竹的地形呈喇叭狀；每年十月到一月期間的東北季風，穿越雪山山脈，在背風坡形成風勢強勁、雨量希少的九降風。」爸爸配合著手勢講解，「新竹最有名的美食，第一寶就是『米粉』；新竹米粉之所以香Q美味的原因，就在於「九降風」的助力。九降風讓新竹籠罩在空氣冷冽、水分稀少的環境中，再伴隨著冬天的太陽，就是曬米粉的最佳季節。所以，秋冬做出來的米粉比夏季做的好吃，關鍵就是秋冬的米粉是遵照『三分日曬，七分風乾』的比例進行曝曬，才能夠做出『水煮不糊湯、乾炒不易斷』的一流米粉呵！」

媽媽也接著說：「九降風的威力還不只如此呢！新竹第二寶『仙草』，也是因為曬仙草的最佳時節是中秋節至大寒期間的九降風來臨之時，搭配強烈的日照環境，曝曬約三至七天，才能夠讓仙草完全乾燥；乾燥完成的仙草，只要放在通風良好的地方儲存，就會愈陳愈香。媽媽以前最愛在夏天吃上一碗仙草冰呢！」

天天聽了不禁吞了吞口水，迫不及待要去完成任務了！

奶奶說：「別急！你忘了還有第三寶呢！當強勁乾旱的九降風來臨時，就是製作柿餅的最佳時節。柿餅的製作，從採摘後削皮、風乾、曝晒、捏壓、烘薰等步驟，過程相當耗時；因為九降風的關係，使本來苦澀的柿子經過強風的吹拂與連續七天的曝晒後，水分逐漸蒸散；柿農再壓扁柿子，讓柿子越變越乾、越變越甜，變成美味的柿餅。你一定要吃吃看！」

在大家的說明及陪伴下，天天滿足的完成了這次的任務。他發現，新竹九降風做出來的新竹三寶都好好吃呵！

給小朋友的貼心話

小朋友，你知道爸爸媽媽的故鄉是哪裡嗎？跟爸爸媽媽討論一下他們的故鄉是什麼樣子，你會更瞭解自己的爸爸媽媽過去的生活，並對現在所擁有的心懷感恩。

麻糬配擂茶——北埔客家之旅

今天奶奶和爺爺在聊天時說：「好久沒有喝擂茶嘍！真想回北埔回味一下。」耳尖的天天聽到「擂茶」，好奇的問：「奶奶，什麼是擂茶啊？跟我常喝的珍珠奶茶一樣好喝嗎？」

爺爺笑著說：「奶奶愛喝擂茶，就跟你愛喝珍珠奶茶一樣呵！放假的時候，請你爸爸帶大家去北埔喝擂茶吧！」

北埔是客家小鎮；因為天天的奶奶是客家人，所以對擂茶有特別的情感。某一個週末，一家人便特別到北埔體驗「擂茶」。

爸爸在路上買了一些客家小點心——像是地瓜餅及柿餅，又找了一家裝潢古色古香的餐廳，準備讓天天接受人生第一次的擂茶體驗。

天天看到老闆拿來了一個大大的碗還有一根木棍，很好奇的拿起了木棍問：「老闆，請問這根棍子是做什麼用的啊？」

老闆親切的說：「這叫做木椿。擂茶的『擂』就是磨碎的意思，也就是用這根木椿將茶葉、芝麻、花生等原料用擂缽搗爛成糊狀，沖開水和勻，加上炒米拌勻一起喝，清香可口唷！」

奶奶說：「客家擂茶是重要的客家文化之一；早期的客家人把擂茶帶到了臺灣，保留了客家擂茶的古樸習俗。記得奶奶小時候，只要家裡有人來作客，我爸爸就會擂茶招待客人，配上滿桌花生、瓜子、炒筍、油粿等小菜，是奶奶小時候很棒的回憶呢！」

天天迫不及待的拿起木樁，聽著大人的指導開始擂茶。天天使勁的「擂」，將茶葉、芝麻、花生等搗爛成糊狀，發出濃濃的茶香跟花生香；天天擂出滿頭大汗，這可是在美國沒有體驗過的呢！

最後，爸爸加入熱水拌勻，分到杯子裡。天天恭敬的端了一杯給奶奶，貼心的說：「奶奶請喝茶，這是天天專程為您擂的呵！快喝喝看好不好喝？」

然後，天天也拿起一杯，喝了一大口，卻面有難色的小聲說：「還是我的珍珠奶茶比較好喝。」

老闆笑著說：「小朋友通常都是這樣的反應，所以我們也針對小朋友的口味，可以將擂茶做成甜甜的冰沙呵！小朋友，你先搗麻糬，

我去幫你把擂茶做成冰沙。」

老闆拿來了一個大木缽和一些糯米飯，還有花生粉跟白砂糖，請他們自己搗成麻糬。天天又好奇的問：「糯米飯可以搗成麻糬？這也太神奇了吧？」

爸爸先示範如何搗麻糬：用木椿捶打糯米飯，捶打過程中，糯米的黏性增加，慢慢變成又Q又香的麻糬。天天又忍不住的玩了起來，還一直說：「好像變魔術呵！糯米變、變、變，麻糬Q、Q、Q！」

全家人開心的吃著天天擂的茶跟搗的客家麻糬；爺爺跟奶奶都說，天天真是能幹的小幫手呢！

爺爺突然拿出任務卡給天天，上面寫著：「親手製作擂茶跟麻糬。」原來，天天已經在無意中完成了今天的任務呢！

在這古色古香的北埔小鎮餐廳，聽著客家山歌，喝著擂茶冰沙、吃著自己親手搗的麻糬，天天似乎也喜歡上這個客家小鎮。臺灣本來就是一個多元文化融合的土地，爺爺及奶奶也是閩南人跟客家人的結合；跟著爺爺奶奶一起出遊，也可以體會不同文化的洗禮呢！

給小朋友的貼心話

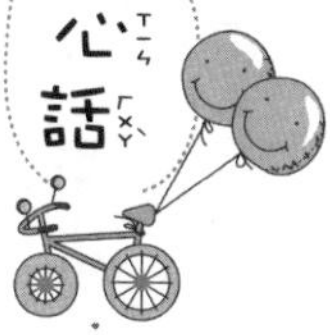

小朋友，你身邊有不同族群的人嗎？（例如：客家人、原住民以及來自越南、泰國等地的新住民）我們住在多元文化的臺灣，要學會尊重不同族群的文化呵！

五月賞雪——苗栗桐花季

時間來到了四月。某一天，爺爺給天天的任務卡上面寫著：尋找四月雪、五月雪，並串成桂冠；尋找夜晚的小精靈「火金姑」。

天天很疑惑的看著爺爺：「爺爺，您這是在刁難我嗎？四、五月的天氣怎麼可能有雪呢？還要用雪串成桂冠？就算我找到雪，雪花在這種天氣一下就融化了，怎麼可能串成桂冠嘛？這個任務太難了啦！」

爺爺笑著說：「你要用心觀察，就會發現這個臺灣之美呵！再給你一個小小提示：記得往客家庄走，比較容易找到啦！」

這個週末，爸爸的車行駛在高速公路上，往苗栗方向走。天天正煩惱要去哪裡找四、五月還會下雪的地方，突然發現，高速公路旁的山都是一片雪白，遠遠望去很像下雪的感覺。

天天開心的問爸爸：「爺爺說的四月雪、五月雪是不是就是這樣的景象啊？」爸爸笑著說：「你終於解開這個謎了！沒錯，這就是四月雪、五月雪！」

原來，每年到四、五月時，苗栗都會舉辦桐花季活動；雪白的桐花有如下雪般，因此有「四月雪」、「五月雪」之稱。

臺灣並沒有原生的油桐屬植物；日據時代為了要利用油桐的種子油與木材，而自中國大陸等地引進栽培。最常見的桐花，是指有「千

年桐」之稱的木油桐的花。其被稱為千年桐，並不是指其樹齡有千年，只是和有「三年桐」之稱的另一種油桐相比，其「經濟年齡」較長——可以持續生產油桐子的時間較長，因此栽種的範圍最廣、數量最多。

後來經濟發達，油桐的工業價值已經大不如前，不再被砍伐利用；加上油桐的適應性很強，所以在臺灣山區或坡地常可以看到滿山遍野的雪白桐花，就是我們在四月、五月欣賞到的美麗桐花。

天天和爸爸媽媽在桐花小徑看到掉落滿地的桐花，他撿起一朵一朵的桐花，用樹藤串在一起，就完成了爺爺今天的第一個任務：用四月雪、五月雪串成桂冠！

天天還要完成第二個任務：尋找夜晚的小精靈「火金姑」。什麼是「火金姑」呢？爸爸說等到晚上就會知道，並提示天天說：「火金姑喜歡乾淨、沒有汙染的草叢，而且鄰近有水的地方！」

到了晚上，他們便跟著其他遊客一起尋找這個夜晚的小精靈，大家循著白天的桐花小徑找尋火金姑的蹤跡。天天突然看到，前方不遠的地方有幾點螢光在閃爍，漸漸的越來越多，一閃一閃的出現在草叢邊。

「哇！『火金姑』原來就是螢火蟲啊！」天天高興的說。看著滿天飛舞的「小星星」，真是太漂亮了！

這時候，他看見有個大哥哥抓了一隻螢火蟲放在手掌心，並且用手電筒照著發光的螢火蟲，螢火蟲發出的光越來越暗。

有正義感的天天說：「大哥哥，請你不要這樣子，螢火蟲不喜歡這樣的亮光呵！」聽到天天這麼說，大哥哥說了聲「不好意思」，便將螢火蟲放在地上，螢火蟲才搖搖晃晃的飛走了。

爸爸稱讚天天說：「你有這樣的勇氣很不錯呵！大自然需要大家

共同維護才行呢！」

這些夜晚的小精靈，白天看起來可能是不起眼的小昆蟲，夜晚卻能創造出如此美麗的景象！在讚歎中，天天又完成了一項任務。

給小朋友的貼心話

螢火蟲是「環境指標生物」；當你去賞螢時，記得不要用手電筒照牠們，也不可以隨意捕抓，並且要注重環保，才能給螢火蟲一個美好的生存環境呵！

荷蘭人的建築——淡水紅毛城

這個星期六一早起床，媽媽跟爸爸說想到八里左岸喝咖啡、到淡水老街看夕陽；爸爸覺得這個提議不錯，順便可以帶天天去紅毛城走走。

天天聽到「紅毛城」三個字，好奇的問：「為什麼叫做紅毛城？因為是紅色的嗎？為什麼不叫黑毛城、白毛城或是金毛城呢？」天天的問題把大家逗得哈哈大笑。

爺爺說：「你這個問題問得好！紅毛城現在的確是紅色的；但是，它叫做紅毛城的原因跟建築的顏色並沒有直接的關係。十七世紀時，西班牙人在現在的紅毛城附近蓋了聖多明哥城，後來被當時佔據臺灣南部的荷蘭人趕走；西班牙人蓋的城遭到破壞，荷蘭人便重新建造，取名叫做安東尼堡。因為漢人都稱荷蘭人為「紅毛」或是「紅夷」，民間就把它稱為紅毛城。那時候的外觀並不是紅色，而是灰白色。鄭成功把荷蘭人趕走之後，滿清開始經營臺灣，英國向滿清租用紅毛城做為領事館，才把它漆為紅色。現在可是一級古蹟呢！」

天天對爺爺說的這個紅毛城非常有興趣，感覺這是一個充滿故事的地方！

在藍天與綠樹的襯托下，磚紅色的紅毛城顯得格外亮眼。天天發現，這座城非常堅固又漂亮。爺爺說：「這裡主要分為紅毛城及領事館兩部分。紅毛城原是為軍事需求而存在，外牆厚一點九公尺，城下

的古砲是由英國人搬運至此做為裝飾用。至於現在的領事館，建於一八九一年，是一幢兩層樓的典型英國殖民地建築式樣洋房，迴廊兼具遮陽擋雨的功能；加上這片大草坪，就是非常典型的維多利亞時期風格的洋樓。」

天天好奇的問：「從哪邊可以看出是維多利亞時期的呢？」

爺爺決定給他個任務——去尋找建築物上的特殊設計。爺爺說：「你去找找這個建築設計上有關於英國的圖騰以及維多利亞年代的圖案，回來告訴爺爺！爺爺跟奶奶及爸爸媽媽就在這迴廊休息，等你的好消息。」

天天開始他今天的尋寶任務了。他東找找、西找找，終於在正門的外牆磚上看到了十二幅磚雕；他在其中看到了長得很像玫瑰花的圖案，以及寫著「VR1891」的磚雕。

「我找到了！」他開心的跑回去告訴爺爺；爺爺滿意的說：「沒錯！這個圖案是薔薇，是英國國花；這個VR則代表維多利亞皇室，1891是建領事館的年份，你完全答對了！」

天天還發現了其他的建築特色。像是在磚砌臺基有著古錢幣造型的石刻窗，爺爺說這有防潮及通風的作用；還有綠釉花瓶欄杆，則是臺灣地方的風格等。這些建築的用心之處，只要仔細發現，就會覺得別有特色。

在紅毛城度過了愉快又充實的早上，大家到渡船頭坐船至對岸的八里喝咖啡。海風徐徐的吹著，在渡輪上看著淡水河兩岸的風光，天天不禁想像，爺爺說的那個有「紅毛」的年代到底是什麼樣子呢？

給小朋友的貼心話

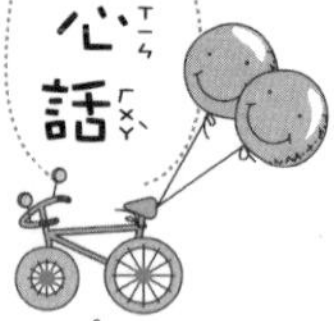

因為天天的用心，才能在紅毛城完成任務。小朋友，你曾經仔細觀察過身邊的建築物嗎？只要用心觀察，你也可以發現這些建築的獨特及創意呵！

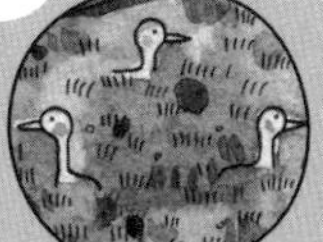

賞鳥好所在——臺中高美溼地

這個星期六，爸爸的好朋友阿凱叔叔要結婚，天天跟著爸爸媽媽到臺中去喝喜酒。

到飯店辦理入住手續後，爸爸換上輕便衣服，手上拿著望遠鏡說：「走吧！時間還早，我們先到臺中高美溼地賞鳥、吹海風！」

天天開心的打電話告訴在家的爺爺，想問他有沒有任務要完成。爺爺說：「這麼棒啊！高美溼地的夕陽很美呵！它以前的名字叫做『高密』。你這次的任務很簡單，就是找出為何它被稱為『高密』的原因。」

於是，天天裝備得像個小小生態探險家的模樣出發了。

來到高美溼地這個地方，首先映入眼簾的是有好多好大的發電風車；海邊的風很大，風車被吹得不停的轉著。爸爸告訴天天風力發電的原理，還說臺灣沿海其他地區也有許多這種風力發電的大風車！

他們跟著解說員走在高美溼地的堤防邊。為了要完成今天的任務，天天很認真的聆聽解說員說明：「高美地區位於清水鎮最西北的區域，緊鄰大甲溪與臺灣海峽。高美早期叫做『高密』；因為這一帶的海灘深度能將撐船的竹竿整支吞沒；以閩南語發音，高與竹竿的『竿』發音同，『密』則有淹沒的意思，故稱『高密』。『高美』則是日據時期改的稱呼。從日據時期開始，高美海水浴場一直是遊客夏日的休閒勝地。但隨著臺中港啟用，高美海水浴場泥沙日漸淤積，導致遊客漸漸稀少；在不得已的情況下，只好宣告關閉。卻也因為泥沙的堆積，造就了今天生態豐富的高美溼地。」

天天開心的對爸爸笑著說：「原來『高密』的意思是這樣啊！今天的任務這麼輕鬆就達成了！」

爸爸說：「雖然完成任務，還是要仔細聽解說員的導覽說明呵！」

解說員繼續說：「高美溼地雖然面積不大，但由於泥質及沙質灘地兼具，加上與河口沼澤地帶連接在一起，所以孕育了豐富又複雜的濕地生態，以及目前所知全臺灣最大族群的雲林莞草區，形成乾溼相

間、伴有植物生長的複雜地形。因為地形多變，生態種類也相當複雜；每年秋冬之際，都有大批候鳥前來做客，成為賞鳥人士的新據點。包括唐白鷺、澤鵟、魚鷹、彩鷸、燕鴴、小燕鷗、蒼燕鷗等七種稀有鳥種，以及屬於瀕危鳥種的黑面琵鷺。」

「這裡也有黑面琵鷺？」天天小聲的問爸爸，剛好被解說員聽到，他笑著回答：「是啊！高美溼地的黑面琵鷺通常只有兩三隻，在臺南的七股一帶的溼地有比較多數量；但是，在二〇一二年時，黑面琵鷺要從南方返回北方，居然有十七隻現身高美溼地，打破以往只有兩三隻的紀錄呵！應該是因為這邊讓牠們太開心，所以玩過頭了！另外，高美溼地擁有雲林莞草、大安水蓑衣兩種稀有植物，大家可以往海堤邊觀察，這些都是列入保護的植物呵！」

天天發現沙灘上有好多小洞，洞裡的小螃蟹會不時探出頭來換到另一個洞。天天說：「小螃蟹從這個洞到那個洞，好像在玩大風吹，有幾隻小螃蟹還會找不到自己的家呢！」天天從沒見過這樣的小螃蟹，覺得很新奇！

爸爸拍下了在夕陽餘暉照耀的轉動風車下、媽媽和天天牽著手的背影，這樣的畫面真美！

給小朋友的貼心話

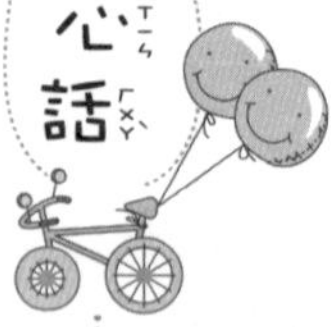

高美溼地入口處有標示「潮汐時間」，這是遊客一定要注意的。小朋友，當你到海邊或溪邊戲水時，也要當心水勢的變化，才能玩得安全又開心！

地震的教育——臺中九二一園區

天天放學後回到家，跟爸爸媽媽說今天學校有防災演習，還說老師提到：「一九九九年九月二十一日深夜一點四十七分，臺灣中部發生芮氏規模七點三的強烈地震，造成非常重大的傷亡及財物損失，是臺灣近百年來最大的地震災害之一。」

爸爸說：「是啊！記得那時候爸爸還是大學生，住在學校宿舍裡。雖然在北部，還是被強烈地震搖醒，眼前一片漆黑，到處都是車子警報器的聲音，大家都嚇得逃出宿舍呢！」

媽媽也回憶起當年的情形：「真的是好恐怖呵！好多女同學都嚇

得哭了起來！很多人擔心家人的安危，急著打電話問家人是否安全。在那個停電的夜晚，很多人都穿著睡衣就跑出來，不敢再回去宿舍。新聞還說，有好多幢大樓倒了，學校操場也隆起來了！」

天天聽了覺得好不可思議，地震的威力這麼大啊？爺爺說：「大自然的威力是不能小看的。給你一張任務卡，去瞭解一下地震的驚人威力吧！」

於是，爸爸找了個週末帶著天天來到了「九二一地震教育園區」。爸爸說：「這個地方是當時的臺中縣霧峰鄉光復國中。在九二一地震發生後，政府及學者專家認為這裡的斷層錯動、校舍倒塌、河床隆起等地貌，是震後地貌保存完整的地方，所以設立『九二一地震教育園區』來保存地震原址、記錄地震的歷史，提供社會大眾及學校有關地震教育的活教材。」

走進園區一看，天天驚訝的叫了出來：「這個操場怎麼變成這個樣子啊？」天天看到的是：操場竟然被抬高了約一點五公尺，PU跑道因此扭曲變形。

爸爸說：「因為車籠埔斷層通過這裡，地震造成操場部分隆起，也造成光復國中校舍及校園毀壞；但是，你看那邊，一線之隔的光復國小卻沒什麼損壞。」天天看著兩邊地貌對照的樣子，驚呼連連！

爸爸繼續說：「臺灣位處地震帶，曾經歷過許多地震；不過，直到九二一大地震後，才開始保留地震遺跡。為了完整保存毀壞教室與斷層剖面，集合了國內外專家的智慧、運用許多新技術，才讓這些建築保

存下來，是臺灣建築界與博物館界的創舉呵！」天天佩服的豎起大拇指。

爸爸問：「想體驗地震的威力嗎？」天天回答：「現在又沒有地震，我要怎麼體驗？」爸爸神祕的笑說：「帶你去一個祕密基地！」

爸爸帶天天來到「地震體驗劇場」，這是個讓人真的感受到地震來襲情境的劇場！在這劇場中彷彿時光倒轉，天天似乎回到了地震前的光復國中。震前一天是一九九九年九月二十日星期一，學校剛開學不久，學生照常上課；接著，大家來到九月二十一日，體驗模擬九二一地震時光復國中的震度，搖晃程度約為左右、前後位移十公分、上下位移三公分，兩次較為劇烈的搖晃加起來約四十秒，讓天天感受地震撼動的力量。

結束後，天天有點驚魂未定的說：「地震真的很可怕！我都快被嚇哭了！」今天的任務就在驚嚇中完成了。

給小朋友的貼心話

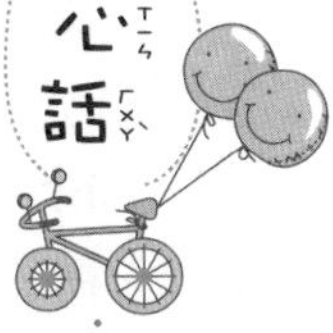

小朋友，你曾遇過地震嗎？你知道臺灣處於地震帶上嗎？在學校學過地震時如何保護自己嗎？每年學校的防災演習時，一定要專心聽老師講解，用心演練呵！

生態旅遊——宜蘭龜山島

之前的東北角之行後，天天的爸爸一直很嚮往東部的海；某一天，爸爸心血來潮，說星期天要帶天天到宜蘭賞鯨。

其實，臺灣可以賞鯨的地點很多，像宜蘭的烏石港、花蓮的石梯坪、臺東的富岡漁港等，都可以近距離觀賞鯨魚和海豚的可愛模樣。

爸爸之所以挑宜蘭的烏石港賞鯨，除了車程比較短之外，還有一個重要的原因是：可以登上龜山島！因為，他每次到東海岸，看到在海上的龜山島，覺得有種神祕的感覺；這次希望可以結合賞鯨，一探龜山島的神祕。

「龜山島？我猜一定是個形狀像龜的島吧！」天天越來越會推論了。

一旁的爺爺說：「你猜對了！龜山島，又稱龜山嶼，宜蘭人常稱為龜島或龜嶼，是一座位於蘭陽平原東邊的太平洋上的火山島，因為它的外型好像浮在海上的龜而得名。在宜蘭的民間傳說中，龜山島流傳著許多故事呢！

「有人說，在蘭陽平原外海的龜山島和海岸邊蜿蜒如蛇的沙丘，相傳是玄天上帝的龜蛇神將；因為玄天上帝很喜歡宜蘭這個地方，就派他們去守護蘭陽平原和人民。如此一來，就把海口的地形跟龜山島變成蘭陽平原的守護神了。

「還有一個傳說是：海龍王最喜愛的小公主和龍宮的龜將軍暗中

相戀、私定終身，海龍王知道之後非常生氣，就把公主變成綠色的蘭陽平原，把龜將軍變成龜山島，要他們倆朝夕相對，卻永遠不能在一起；所以這對情人常常流淚，也就是蘭陽平原經常下雨的原因。」

「哇！龜山島的傳說故事真有趣，讓我好想登上龜山島看看呵！那一定是個神祕的地方。」天天說。

爸爸接著說：「在一九七七年以前，龜山島一直有人居住；後來因為軍事需要，將居民強制遷居至頭城或大溪，現在已經沒人定居在島上了。自兩千年起，政府為了提倡觀光，解除軍事管制的龜山島，開始發展登島的生態旅遊體驗。」

天天開心的說：「太棒了！我等不及要登龜山島了！」

爺爺說：「這真是難得的生態旅遊體驗呢！那麼，爺爺給你的第一個任務就是解開『神龜若戴帽』的下一句諺語，第二個任務是解開『靈龜擺尾』的祕密。」

天天跟爸爸星期天一早就登上賞鯨船；天天很開心看到海豚，可惜的是沒有看到鯨魚。

船長在船上又說了其他關於龜山島的傳說，其中有一個是說：龜山島原本是隻大母龜，在明朝鄭成功率軍到臺灣時，大母龜攻擊鄭成功，鄭成功一箭將牠射傷；母龜在產下卵後化成龜山島，硫氣孔便是當年被射中的傷口。

船長又說：「從一些諺語也可看出龜山島與宜蘭生活的密切。我們常說，『神龜若戴帽，大雨就來到』；『戴帽』指的就是龜山島上烏雲密布，表示要下大雨了！還有『靈龜擺尾』指的是：龜山島的末端是一道鵝卵石長灘，就是俗稱的『龜尾』；因為受風向和潮水的影響，尾端會隨著季風而南北向移動的現象。」

天天聽了趕快記下來，順利完成任務！接下來，就輕鬆的繼續龜山島之旅嘍！

給小朋友的貼心話

「神龜若戴帽，大雨就來到」，說明了人們觀察天氣的心得。小朋友，你還知道哪些觀察天氣的小心得呢？仔細觀察，你或許也可以整理出關於天氣的生活智慧呢！

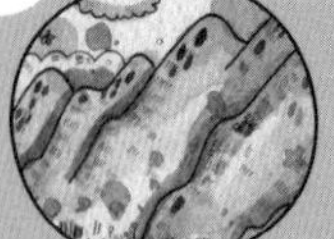

嫦娥在臺灣——高雄田寮月世界

天天在書上看到美國阿姆斯壯登陸月球時曾經說過這麼一句話：「這是我個人的一小步，卻是人類的一大步。」

天天說：「我好想知道月球是甚麼樣子呵！真希望我也可以登上月球！」

媽媽笑著說：「你將來若成為太空人，或許就有機會登陸月球啦！」

爸爸這時神祕的笑著說：「或許不用等到成為太空人，就可以大概感受一下月球的荒涼呵！我知道臺灣有個地方叫做『月世界』，以景象有如月球而聞名！」

「真的嗎？爸爸找時間快帶我去看看！」天天興奮的說。

爸爸說：「那就要找個沒有下雨的涼爽天氣去；畢竟，月球是不會下雨的，溫度也不會太高，這樣才比較像到月球旅行的感覺！」

天天覺得爸爸說得真是太有道理了！所以，他們打算在氣象預報好幾天不會下雨的中秋連續假期，一家人開開心心的來一趟月球漫步之旅。爺爺奶奶因為年紀大，沒有辦法走那麼遠的路，所以不打算一起去。

出發前，爺爺對天天說：「聽說月世界裡有嫦娥呢！這就是你今天的任務——月世界尋找嫦娥。」

天天從來沒聽過「嫦娥奔月」的故事，一時摸不著頭緒，便問媽媽：「嫦娥是誰啊？」媽媽就趁著在車上這段時間告訴他關於嫦娥奔月的故事。天天聽完後覺得不可思議的發問：「阿姆斯壯登陸月球也是要去找嫦娥嗎？」

就在笑聲中，他們來到了荒涼的「月世界地景公園」。天天從來沒看過這種景象，真的有到了月球的感

覺。

爸爸為天天解說：「月世界主要是由泥岩、砂岩、頁岩等構成的青灰岩、白堊土地形。因高鹼性的白堊土不適合草木生長，加上溪水切割地質鬆軟的地表，形成山坡上的大小蝕溝及光禿禿的山脊，才成了現在這個樣子。」

他們照著導覽地圖走過平緩的環湖步道、惡地步道之後，就看到前往「月球」的階梯了。這條「嫦娥奔月絲路」是二〇一四年才完成的，共有四百二十一個階梯。順著步道慢慢走上山丘的頂端，就可以俯瞰更大範圍的月世界景色。

天天突然想起爺爺說的「月世界尋找嫦娥任務」，該不會就是指這條「嫦娥奔月絲路」吧？

天天開心的打電話告訴爺爺：「我在月世界找到嫦娥了！我還知道嫦娥奔月的故事呵！」爺爺滿意的笑著說：「恭喜你完成任務了！」

給小朋友的貼心話

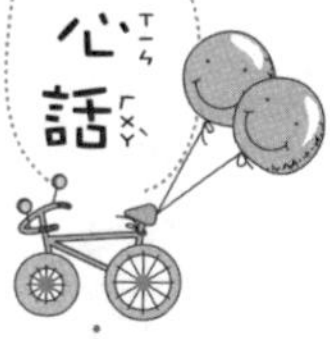

臺灣有四處景點以「月世界」為名：一處是位於高雄市田寮區的「田寮月世界」，一處是位於燕巢區的「燕巢月世界」，另一處則是位於高雄市與臺南市左鎮區交界處的西拉雅國家風景區內的「草山月世界」，還有一處是位於臺東縣卑南鄉的「利吉月世界」或「利吉惡地」。若有機會拜訪這些地方，請比較一下它們有什麼不一樣吧！

神木、日出、奮起湖——嘉義阿里山

「高山青，澗水藍，阿里山的姑娘美如水呀，阿里山的少年壯如山……」書房裡傳來爺爺嘹亮的歌聲。

天天好奇的問爺爺，什麼事讓他開心得唱起歌來；原來，爺爺在看社區舉辦的社區聯誼旅行日程表，這次的行程是要到阿里山看日出，勾起了爺爺年輕時的回憶。

爺爺笑著對天天說：「阿里山是我和你奶奶年輕時常去的地方呵！你爸爸小時候我也常帶他去，他最喜歡坐阿里山的小火車。」

「阿里山小火車？好棒呵！我也要去！」天天開心的把手放在腰

上，學起蒸汽火車「嘟嘟！清嗆——清嗆——」

爺爺說：「既然這樣，你的任務就是去尋找『火車撞壁』像哪一個英文字母！」

「啊？火車還會撞壁？」雖然有莫名其妙的任務，他還是很期待阿里山小火車看日出之旅！

旅行當天早上，社區鄰居們坐著遊覽車來到竹崎火車站，準備搭小火車到奮起湖。當火車一路往上時，天天發現，火車在轉圈圈呢！

爸爸說：「火車經過獨立山的時候是螺旋式的旋轉爬升，繞了三圈到山頂再以8字形出獨立山，這就是著名的獨立山迴旋登山，沿途的景色變化也從熱帶林轉成溫帶林。」

到達奮起湖站，準備休息及享用著名的奮起湖便當。這時，天天左顧右盼的問：「奮起湖的湖呢？我怎麼還沒有看到湖啊？」大家被天天的問題逗得哈哈大笑。

爺爺說：「奮起湖中的『湖』在閩南語中是低窪地的意思，實際上並沒有湖啦！奮起湖這個地方三面環山，地勢低窪，中間低平，形狀像畚箕，雲霧環繞像湖。早期叫做『畚箕湖』，後來改為『奮起湖』；畚跟奮諧音、『箕』改『起』則有奮發圖強的意思。這樣你知道了嗎？」

天天聽了爺爺的解釋，還是覺得莫名其妙：「沒有湖，還是叫奮起湖？搞不懂？不過，鐵路便當好好吃呵！」

吃完中餐後，大夥兒又上了火車，開往阿里山。到二萬坪站第一分道時，火車慢了下來，感覺好像要「撞壁」了！就在這時候，列車長跳下車、扳轉轉轍器，火車就往後倒退，走了一段路後又突然停下來，往另一個坡道開上去。天天是第一次見識到這樣的火車行駛方式，覺得新奇又有趣！

爸爸說：「這樣的Z字型前進，

就是著名的阿里山『火車撞壁』，是很少見的呢！」

「Z字型？我完成任務了！英文字母是Z！」天天開心的轉頭看爺爺，爺爺笑著點點頭。

到達阿里山時大家都累了，很早就休息，準備明天早起看日出。

隔天凌晨四點，媽媽就把天天叫醒。天天說：「怎麼那麼早啊？天都還沒亮！」大家笑著說：「天亮就看不到日出了！」

車站一大早就擠滿了看日出的人潮。氣溫很低，還好他們有買熱呼呼的竹筍湯。現場還有拿著大聲公的導覽解說員說，阿里山的日出是「跳」出來的呵！

觀日平臺前有一顆高大的檜木，這可是阿里山日出的代表，是國寶呢！天天這才知道，阿里山的神木也是很有名的。

下山的時候，天天跟爸爸媽媽散步下山，覺得自己吸收了好多阿里山的芬多精呢！

給小朋友的貼心話

阿里山的神木是很有名的國寶檜木；可是，有些沒公德心的遊客竟然在神木上刻字，這是很不好的行為。小朋友，當你到任何觀光景點時，可不要隨意破壞當地的花木及設施呵！

神明保佑——大甲媽祖遶境

最近新聞一直播出：「大甲媽祖遶境進香活動，這是中臺灣最盛大的『宗教嘉年華』。於每年農曆三月間舉行、長達九天八夜的大甲媽出巡遶境，有上萬名信徒以進香苦行的方式，陪同媽祖神轎從臺中大甲鎮瀾宮出發，前往嘉義新港的奉天宮。參與民眾有人步行，有人乘自行車、機車、轎車、遊覽車等，隊伍綿延好幾公里，熱鬧非凡。」

天天看著這幾天不斷重複的新聞內容，忍不住問爺爺：「大甲媽祖遶境到底是什麼活動啊？好多人呵！有的跪在地上，還有抱著小孩的。為什麼這麼多人參加呢？」

奶奶說：「媽祖遶境原本只是進香活動，慢慢演變成數十萬人參與的遶境活動，熱鬧得像一場嘉年華會。過兩天奶奶要參加社區進香團活動，想不想一起去看看啊？」

爺爺也說：「大甲媽祖遶境不但是臺灣重要的民間信仰活動，於二〇〇八年被指定為國家重要無形文化活動資產，更被Discovery（探索）頻道列為世界三大宗教慶典之一，還有許多國外學者來湊熱鬧呢！既然你有興趣，爺爺給你的任務卡就是：『鑽轎腳』！」

天天說「：什麼是鑽轎腳？」

爺爺笑著說：「你要親自去體驗才算完成任務啊！」

懷著忐忑的心情，天天緊跟著奶奶一起參加遶境；因為天天很怕

鞭炮聲，偏偏所到之處鞭炮聲不絕於耳。天天看到了遶境活動中包括請神、上轎、起轎、駐駕、祈福、祝壽、回駕及安座八個主要典禮；當媽祖啟程時，一路還有土地公、太子爺、觀音、阿彌陀佛等神佛。這些是天天在國外時沒見過的情景。

突然，天天發現在隊伍中有個很特別的人物：他們一腳穿草鞋、一腳打赤腳，頭戴斗笠，戴著沒有鏡片的

黑框眼鏡，背後背著雨傘、繫著豬腳，留著兩撇小鬍子，手裡提著一面鑼，全身裝扮非常特別，是天天覺得遶境隊伍中最有趣味的人物。

爸爸解釋說：「這是負責探路的『報馬仔』。他們一腳穿草鞋、一腳打赤腳是代表腳踏實地，頭戴斗笠代表頂天立地，戴著沒有鏡片的黑框眼鏡代表明辨是非，繫著豬腳代表知足；全身裝扮都是有特別涵義的。」

天天恍然大悟的說：「雖然他們的樣子很有趣，知道了他們打扮的意義後就覺得他們真是太有智慧了。」

接著就要去完成爺爺交代的任務「鑽轎腳」。天天聽奶奶的指示，跟著許多民眾一起跪在地上準備「鑽轎腳」——就是跪在地上趴著，讓媽祖神轎從自己身上經過，以求得庇佑平安。

這原是擔心家中小孩受到邪靈或病魔糾纏，所以讓孩子鑽轎腳將邪魔趕走；演變到現在，只要遶境隊伍經過的地方，都有民眾跪地趴下，讓媽祖神轎從自己身上經過，以求得媽祖庇佑。爺爺的這個任務真是用心良苦啊！

天天跟奶奶參加這次遶境，看到沿途民眾擺設香案膜拜，爭相鑽轎腳、摸轎頂祈求平安，到處鑼鼓喧天、人山人海，讓他親身體驗了臺灣這個寶島對宗教信仰的熱情和濃厚的人情味。

給小朋友的貼心話

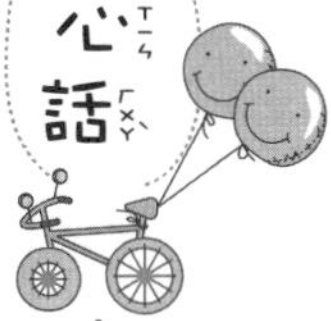

你有沒有跟家人到寺廟拜拜或參加廟會的經驗呢？現在已經有部分廟宇取消焚香、燒金紙的習俗，響應環保運動；下次拜拜時，可以觀察你去的廟宇是不是也開始響應環保呢？

九蛙疊羅漢——南投日月潭

爸爸要參加一年一度的橫渡日月潭游泳活動；這是日月潭最具歷史與規模的活動，每年吸引數萬游泳愛好者參加，成為「萬人橫渡日月潭」的盛事。全家人便計畫藉此機會，來趟日月潭之旅。

天天發問：「為什麼叫做日月潭？是因為形狀像太陽跟月亮嗎？」

爺爺說：「天天好聰明，一猜就對了！日月潭位於南投縣的魚池鄉，是臺灣最大的淡水湖泊，也是最美麗的高山湖泊。它以拉魯島為界，一邊像『日輪』、一邊像『月鉤』而得名，百年來享有『臺灣八景』之一的美譽，每年吸引超過六百萬中外遊客到訪，也是臺灣地區最負盛名的水力發電的所在。爺爺就給你一個任務——想辦法找出日月潭水位的變化落差！」

天天說：「這太困難了吧！」

爺爺笑著說：「留心觀察，很容易就能找到嘍！」

他們途中先到了埔里；這是臺灣的地理中心，因此又稱為臺灣心臟。爺爺說：「臺灣四面臨海，南投則是臺灣唯一不靠海的縣呵！」

終於來到日月潭。爸爸說：「這次要來場水陸空3D遊程！我會帶著大家坐遊艇環湖、開車參觀以及坐纜車鳥瞰整個日月潭！」天天開心的拍手叫好！

環潭公路被美國有線電視新聞網（CNN）旗下生活旅遊網站CNNGO選為全球十大最美自行車道。日月潭環湖一周約三十三公里；這次有爺爺奶奶同行的關係，所以爸爸開車沿湖順時針方向遊覽日月潭環湖上各景點，如文武廟、孔雀園、日月村、玄奘寺、慈恩塔、玄光寺等。

之後，爸爸把車開到了水蛙頭步道，沿途觀賞蝶舞、鳥飛、魚躍的活潑生態。突然，天天看到了「青蛙疊羅漢」的銅雕——這也是「水蛙頭」地名的由來，這個步道也是水陸兩棲。天天看著指示牌，上面說總共有九隻青蛙疊羅漢；爸爸請天天數數露出水面的青蛙——

咦？怎麼只有兩隻？

爸爸告訴天天：「每隻青蛙頭頂所表示的是日月潭的水位高度，最上面一隻青蛙的頭頂高度是海拔七四八點四八公尺，最下面一隻青蛙的頭頂高度是海拔七四五點九〇公尺。」

「這樣有什麼作用嗎？」天天打斷爸爸的話。

「因為附近的明潭電廠是利用日月潭作為上池的抽蓄式水力發電

廠，所以每天會出現將近兩公尺水位落差的有趣現象。如果我們在同一天的不同時段，或是回家前再來看一次，或許會看到露出水面的青蛙數量不一樣；遊客可從水位升降的變化，進而瞭解日月潭原來還具有抽蓄發電的重要功能呢！」

「原來如此！」天天笑著說，「我完成爺爺交代的任務嘍！」

接著，爸爸帶著大家乘坐環湖遊艇，從湖面欣賞沿途的風光。各種不同顏色的遊艇在湖面上奔馳，激起大大小小的水花，在夕陽的光線下輝映，也是另一種特別的體驗！

隔天一早，爸爸帶大家搭乘日月潭纜車，從空中飽覽日月潭的湖光山色。爸爸說：「日月潭纜車全線長一八七七公尺，連結日月潭與九族文化村；原本以公路連接路線距離約十幾公里，纜車通車後只剩一點八公里呢！」

有點懼高的天天，在纜車上其實根本不敢往下看。不過，這次的日月潭水陸空3D旅程真的讓天天很開心！

給小朋友的貼心話

今年，日月潭水位指標「九蛙疊像」曾因缺水而全部露出，工作人員趁著難得的機會幫九蛙「洗澎澎」；這個罕見的景象，讓許多遊客紛紛拍照留念。但是，「九蛙疊像」完整露出，也代表氣候變遷影響了我們的水資源，我們更應該要節約用水嘍！

目擊黑面琵鷺——臺南七股鹽田

天天對上次在臺中高美濕地的導覽解說員提到的黑面琵鷺很有興趣，就和爸爸媽媽一起查了一些資料：

黑面琵鷺是全球瀕危鳥種，總數量不超過三千隻。曾文溪出海口的沖積地形成的沙洲與海埔新生地，擁有豐富的河口生態體系及浮游生物，因此吸引了大量的候鳥停棲覓食。臺江地區是目前全世界黑面琵鷺數量最多的度冬棲息地，近年度冬最大數量幾乎都在一千隻以上。每年九月底，黑面琵鷺會從北方陸續來到這裡，度過一個冬季，三月再陸續飛離溪口返回北方。

為了要看這些稀有的黑面琵鷺，爸爸決定規畫一個南部溼地賞鳥及曬鹽體驗之旅。

某個週末，天天跟著一家人來到七股潟湖及七股鹽田，遠遠的就可以看到這個相當於六層樓高的鹽山，天天驚嘆：「這座山都是鹽嗎？那應該可以吃很久很久嘍！」

爺爺說：「這七股鹽山占地面積廣達一公頃，原本是臺鹽公司七股鹽場的曬鹽堆置場，現在是臺南七股的知名地標。這裡過去是臺灣最大的曬鹽場；隨時代變遷，曬鹽不符經濟效益，就在二〇〇二年廢曬，結束臺灣三百三十八年的曬鹽歷史，後來才轉型成為著名的鹽業觀光據點。由於鹽山如白雪耀眼，像長年堆雪的長白山，所以也被稱為『南臺的長白山』，來臺觀光的日本人則戲稱是『臺灣的富士山』！」

聽爺爺這麼一說，天天等不及的去踩踩看鹽山；「咦，怎麼硬硬的？我以為鹽會像雪花一樣細細鬆鬆的？」

爸爸解釋：「晒鹽經長年置放後自然結塊，所以質地很堅硬呵！」

爸爸又說：「一九九三年，濱南工業區開發案要求利用潟湖與鹽田做為煉油廠與煉鋼廠，引起超過一百個保育團體發起搶救珍貴溼地與黑面琵鷺的環保運動；歷經十三年，才得以暫時保住珍貴的溼地。」

天天爬上鹽山的樓梯，站在最高點望向遠處，看著這一格一格得來不易的鹽田及四周的魚塭，想尋找黑面琵鷺，卻不見蹤跡。

他們隨後又來到目前臺灣最大的七股潟湖。這裡優良的生態環境孕育了豐富的海洋生物，再加上人工養殖的魚塭，提供了黑面琵鷺等過境鳥類的食物來源，是牠們的最佳棲息地。

他們來到四周都是魚塭的黑面琵鷺生態展示館，仔細看了一下黑面琵鷺的介紹，爺爺便說：「天天啊，今天的任務就是找到黑面琵鷺！」

走出展示館，天天一家人就用賞鳥望遠鏡，在曾文溪口海堤的沙洲找尋黑面琵鷺的蹤跡。

忽然，天天興奮的說：「在那裡！有好多隻黑面琵鷺在沙洲上找東西吃呢！」大家輪流看，真的發現好幾隻黑面琵鷺！

他們接著又到七股溪口的海茄苳紅樹林保護區，一家人在夕陽下看著一群群白鷺、夜鷺、小白鷺在紅樹林分層而居的畫面。天天說：「這裡真像是鳥類的社區公寓，一層一層的居住在一起，希望這裡永遠是牠們可以安心住下來的窩。」

給小朋友的貼心話

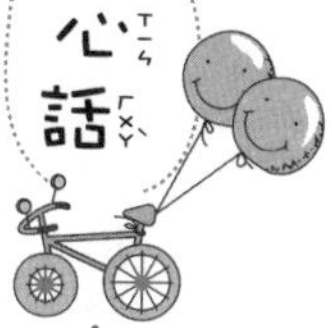

美麗的七股潟湖，有沙洲、鹽田、魚塭、蚵架、溪流、白鷺鷥、黑面琵鷺，以及七股小漁村的村民日出而作、日落而息的純樸畫面。這幅和諧美麗的寶島風景，是村民尊重大自然賦予的生命所構成的美好景物，我們每一個人都要學習尊重萬物及大自然呵！

臺灣的景德鎮——鶯歌陶瓷

爺爺的老朋友要過七十歲生日，爺爺想去鶯歌挑一個陶瓷作品作為賀禮，天天聽了也想一起去；爸爸想到鶯歌有個陶瓷博物館，讓天天去那裡參觀一下也挺好的。

在路上，天天問爺爺：「這個地方為什麼叫做鶯歌呢？因為有鸚鵡和鴿子嗎？」

爺爺說：「鶯歌北邊的山脈斜坡有一顆像鸚鵡的巨石，被稱為『鸚哥石』或『鷹哥石』；據傳說，這顆鸚哥石常吐霧吃人。當鄭成功領軍經過此地時，被瘴氣所阻擾，還有士兵被吃；於是鄭成功命人砲打巨石，把瘴氣打散，才得以進軍。」

天天又問：「為什麼這個地方最著名的特產是陶瓷工藝呢？」

爺爺說：「相傳清朝嘉慶年間，有人發現鄰近的尖山地區盛產黏土，那是陶瓷的重要原料，於是就在這裡設窯製陶。大約兩百多年前，當時的鶯歌是全臺灣最大的陶瓷藝品輸出地；現在，鶯歌的陶瓷藝品更是聞名全球，有『臺灣的景德鎮』之稱呵！」

天天雖然在美國出生、長大，但是爸爸平時喜歡收藏一些陶瓷藝品或日常用的藝術花瓶、仿古花瓶及茶壺等，所以他對瓷器並不陌生；加上爺爺的說明，讓天天對鶯歌陶瓷很感興趣。

爺爺看到這個在美國出生的小朋友居然對陶瓷工藝有興趣，當下就決定先陪天天去參觀鶯歌陶瓷博物館，擔任他的解說員，之後再去挑祝壽禮物。

天天藉由導覽得知：鶯歌陶瓷博物館於西元二〇〇〇年十一月二十六日正式開館，是臺灣第一座以陶瓷為主題的專業博物館；目前收藏品超過三千件，主要是展現臺灣陶瓷的發展史，包含早期的日用陶瓷、國內外現代陶藝作品、鶯歌本地製作的陶瓷產品等。另外還有鶯歌陶瓷藝術園區，位於鶯歌陶瓷博物館後方，以表現陶瓷的多元風貌為主。

在博物館中，天天最感興趣的是傳統建築的牆面裝飾以及磁磚裝飾，因為他記得淡水紅毛城的那片磚牆也有類似的裝飾；爺爺聽了，

不禁對這個小孫子豎起大拇指。

聽完導覽，天天對陶瓷有了初步的認識。爺爺說：「接下來就是今天的任務嘍——彩繪陶瓷！」原來，博物館地下一樓有一個兒童體驗室，可以讓小朋友親自體驗素胚彩繪的樂趣。天天體驗的是彩繪小汽車；這是他第一次在陶瓷上彩繪，看著自己完成的作品，真是開心！

參觀陶瓷博物館後，他開心的

陪著爺爺去挑禮物。在琳瑯滿目的陶瓷藝術品中，爺爺挑了一個上面畫有松樹跟丹頂鶴的花瓶；爺爺說：「這代表『松鶴延年』，有祝壽的意思。」天天也覺得這個花瓶很漂亮，他認為上面的松樹畫得很強韌，白鶴則畫得栩栩如生，相信爺爺的朋友一定也會喜歡。

給小朋友的貼心話

小朋友，你曾經陪爺爺奶奶聊聊天、聽老人家說故事嗎？有機會的話，可以多陪陪爺爺奶奶散散步或做一些他們喜歡的事情，這也是「孝順」的行為呵！

臺南的紅毛城——安平古堡、赤崁樓

自從上次去淡水紅毛城之後，天天對紅毛城就很感興趣，希望爸爸有機會可以再帶他去看其他地方的紅毛城。爸爸說：「那我們就去臺南吧！以前荷蘭人曾經佔據臺灣南部，蓋了幾座城堡，我們去看看吧！」

於是，爺爺也給了天天這次的任務：「尋找九塊龜碑及斷了腳的石馬。」天天覺得這個任務很有挑戰性，因為他根本不知道龜碑跟石馬是什麼？要去哪裡找呢？

爺爺在路上為他說了些關於臺南兩座「紅毛城」的故事：「荷蘭

人於西元一六三四年在安平建造了臺灣第一座城堡『熱蘭遮城』；早期的漢人稱荷蘭人為紅毛，所以把這座城稱為紅毛城。日據時期改建後，稱為安平古堡。整座城堡是以糯米汁、糖漿、砂與牡蠣殼粉調製而成的呵！」

「咦，這些東西怎麼好像吃的食物？」天天好奇的問。

爺爺笑著回答：「是啊，古時候沒有水泥，人們常用糯米汁來蓋建築物，有些地方的糯米橋聽說比水泥橋還堅固呢！」

爺爺接著說：「另一座也是荷蘭人興建的紅毛樓原名為『普羅民遮城』，是一六五〇年興建的歐式建築，在地人叫番仔樓，鄭成功時改名為『赤崁樓』；目前被列為國家一級古蹟，也是臺南代表性的名勝。」

天天迫不及待的想去看看這「紅毛城」、「紅毛樓」！爸爸一路往南開，南部的天氣真是晴朗炎熱，爸爸決定帶天天去吃芒果冰；用

臺南玉井出產的芒果做成的愛文芒果冰，酸酸甜甜、透心涼的滋味真是好吃！

天天一家人到了安平古堡後，天天非常仔細找尋他的任務「九塊龜碑及斷了腳的石馬」。他在北門門額上看到刻有 T'CASTEEL ZEELANDIA GEBOUWED ANNO 1634（熱蘭遮城建於一六三四年）字樣，卻沒有看到龜碑跟石馬。爸爸安慰他說：「我們再去赤崁樓看看，說不定有線索。」

到了赤崁樓，天天覺得這棟樓跟淡水的紅毛城看起來很不一樣；赤崁樓的文昌閣與海神廟兩座紅瓦飛簷，看起來很像中國傳統建築。

突然，眼尖的天天發現赤崁樓前面有九隻大石龜各馱著一塊大石碑，一字排開很壯觀，他興奮的說：「這就是九塊龜碑吧？」

爺爺說：「其實，馱著碑的並不是龜，而是『贔屭』——傳說是龍的九個兒子之一。贔屭力氣大，可以馱載重物，因此常被用來做為碑的底座。這贔屭原來有十隻，石碑記載著清朝平定林爽文之亂的功績，贔屭及石碑由中國運來；相傳一隻贔屭在運送上岸時掉入海港，現在才剩九隻。」

「耶！完成今天第一個任務了！」天天繼續找著「斷了腳的石馬」。他在赤崁樓門前看到一匹石馬，前腳是修補過的，連忙開心的叫大家來看，今天的任務全部達標！只是，天天很好奇：「石馬的腳為什麼會斷掉呢？」

爺爺說：「相傳石馬半夜作怪，蹂躪農田、騷擾民眾，所以才被鄉民打斷腳，變成今天的模樣。」

天天聽得好入神。臺南這個地方有這麼多的古蹟跟傳說故事，真是一趟很棒的旅程。

給小朋友的貼心話

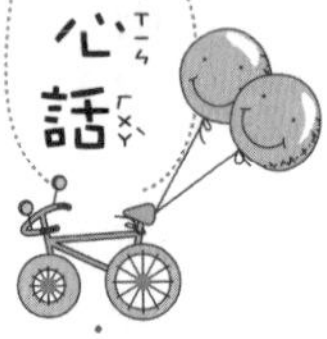

當你有機會跟家人或同學到古蹟旅遊時，一定要當個有文化素養的小公民，不能在古蹟上亂塗亂畫，以免破壞了重要的古蹟跟文物。

鮮紅的甜蜜——苗栗大湖草莓季

每到冬天，大湖草莓季也隨之到來。天天的媽媽非常喜歡吃草莓，覺得那酸酸甜甜的滋味真令人難忘！天天從來沒有採過草莓，所以很期待趁著假期來趟採草莓之旅。

爺爺說大湖的氣候最適合種草莓，所以種出來的草莓又香又甜。由於爺爺奶奶年紀大、不適合蹲下採草莓，爸爸先帶他們到大湖酒莊休息。爺爺說：「天天今天的任務卡就是：親自採一籃草莓給爺爺奶奶吃！」

天天有點害怕無法順利完成任務，便很認真的學大人如何採草莓。媽媽告訴天天如何挑選：「要挑選大小適中且整顆帶有紅色的成熟草莓；太小的草莓不要剪下來，可以等成熟後留給別人摘！」媽媽還示範剪下草莓的方法。然後，一家三口就分別拿個小籃子和一把小剪刀在草莓園中採草莓。

天天蹲在草莓園仔細的挑選出又紅又大顆的草莓剪下，放入小提籃內；小提籃慢慢重了起來，堆滿了天天精挑細選的草莓，他很開心自己快要達成今天的任務了。

天天準備去找爸爸媽媽把草莓裝箱的時候，他發現有幾個小朋友並沒有愛惜草莓，還在草莓園內嬉戲，把好多還沒成熟的小草莓剪下來丟掉。他想到媽媽曾經說過：現在天氣異常，不是乾旱就是大風、大雨造成災害，許多國家都缺少糧食；所以，有食物可吃就應該好好

愛惜，不可以隨便糟蹋或浪費。

於是，天天鼓起勇氣，想去告訴亂丟草莓的小朋友：不可以隨意剪下還沒成熟的草莓，要讓它們繼續長大，讓後來的遊客也有草莓可以採。

正在想著，突然有個年紀和他差不多的小朋友朝他這裡跑來；因為草莓園的路很窄很小，天天來不及反應就被撞倒在地了。手裡的一籃草莓被撞落一地，有好幾顆草莓被天天的屁股壓爛了，讓他的屁股紅了一片，嚇得天天和這個小朋友當場哭了起來。

爸爸媽媽趕緊過來看看發生什麼事，那個小朋友的爸爸媽媽也過來了；瞭解事情的原因後，小朋友的父母連忙跟天天一家道歉。還好兩個小朋友都沒受傷，只是草莓被壓爛了好幾顆。

結完帳的時候，天天拿起幾顆草莓對老闆說：「這是我親自採的草莓，要送給爺爺奶奶吃呵！不過，剛剛跌倒的時候不小心壓爛了幾顆，請老闆不要生氣，這幾顆草莓還給您！」

老闆稱讚天天：「小朋友，你好誠實呵！這幾顆草莓你就留著吃吧！我這裡常有人邊摘草莓邊偷吃，吃完就走了，怎麼勸也不聽；你是個誠實的小朋友，比那些偷吃的大人更棒！」

草莓園老闆故意在入口處寫著：「草莓有農藥殘留，請勿邊採邊吃！」卻還是有很多人寧願冒著農藥殘留的風險也要偷吃草莓；天天覺得，有些大人真是太奇怪了！

天天開開心心的帶著親手採的草莓送給爺爺奶奶享用，今天的任務——成功！

給小朋友的貼心話

小朋友，你若去採草莓時，會像天天那樣誠實，或是也會邊摘草莓邊偷吃？想想看，邊摘邊偷吃有什麼不對呢？還有，將沒成熟的草莓剪下來丟掉，也是一種浪費食物的行為呵！

手作傳家寶——美濃紙傘與民俗村

天天的奶奶是客家人；所以，奶奶有時候會跟天天談起一些客家人的事情。有一天，奶奶提到：「我們客家精神就是硬頸精神！」

天天連忙問：「硬頸？奶奶，您的脖子很僵硬嗎？要不要我幫您按摩一下？」

奶奶笑著說：「不是我脖子僵硬啦！『硬頸精神』是說客家人很堅毅刻苦而不輕易放棄。」

爺爺笑著補充說：「客家精神還有一個很重要的『勤儉持家』。」

天天你看，家裡餐桌上的花布桌巾，其實是用奶奶嫁給爺爺的嫁妝布做成的，這麼多年都捨不得丟呢！」

這時候，調皮的天天拿起桌上放的一把紅色油紙傘，他把傘打開轉一圈說：「這把傘也是代表客家精神的東西嗎？」

爸爸看了嚇一跳，趕緊提醒天天：「這可是奶奶珍藏多年的寶貝呢！你可別玩壞了！」

爺爺說：「這是我跟你奶奶結婚時用的。新娘出嫁時，媒婆會用紅色油紙傘遮著新娘避邪。油紙傘的『油』和『有』諧音，而客家話的『紙』與『子』諧音，合起來就是『有子』的意思；所以，客家女性結婚時，通常會用兩把紙傘當作嫁妝，希望能『早生貴子』。而且，『傘』這個字裡有四個人字，象徵著多子多孫；紙傘傘面張開後形成圓形，也是祝福新人生活圓滿的意思呵！這把傘，是你奶奶的寶貝哩！」

聽爺爺這麼一說，天天對油紙傘很好奇！爸爸說：「那就帶你去美濃看看吧！」

趁著連假，爸爸就開車載大家去高雄的「美濃民俗村」，這裡可以看到好多客家文物；在這條古色古香的復古街道上，充滿濃濃的客家味。

天天發現標有「茶」這個字的大門，馬上說：「我知道，這一定是我們喝過的客家擂茶！」

天天像劉姥姥進大觀園一樣好奇的東看看、西瞧瞧，在這復古的街

上發現好多民俗藝品和爺爺及爸爸小時候的童玩；其中有廟會舞龍舞獅的「獅頭」，天天還拿來表演舞龍舞獅給大家看，模樣十分逗趣。

他在這條不長的街道上玩了好久，因為每樣東西對他來說都相當新奇；他發現了大大小小的油紙傘，興奮的把玩許久。為了讓天天能深入體驗油紙傘的製作，爺爺說：「今天你的任務就是DIY一把屬於自己的油紙傘！」

爺爺會出這個任務，主要是因為油紙傘是高雄市美濃區特有的客家文化象徵之一，製作過程大致是將竹材作成傘骨、傘柄、傘頭，再將這些部分組合起來；而後依次是糊紙、繪畫、上桐油、穿線，固定傘布頭等，非常繁複。但是，現在店家會提供組合後的白色油紙傘，供遊客彩繪自己喜好的花色或圖案，就算是一把DIY的油紙傘了。

天天依照工作人員的指導，想要畫出自己的油紙傘；實際動手才發現，他只是畫傘面的圖案都覺得不是件容易的事情，更何況要從無到有做出一把傘！還好，在爸爸媽媽的協助下，天天終於完成了屬於自己的油紙傘。

他在油紙傘面上畫了全家人的畫像，作為這次參觀美濃油紙傘的紀念。天天說：「我要將這把傘當成我的傳家之寶；將來等我當爺爺的時候，拿出來給我的孫子欣賞！」

爺爺開心的點點頭說：「我這次出的任務真是太有意義了！」

給小朋友的貼心話

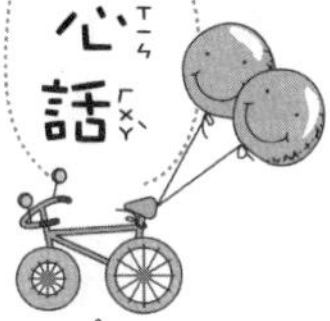

小朋友，你的家裡有沒有「傳家寶」呢？「傳家寶」不一定要很貴重，重要的是它代表的意義，可以藉由「傳家寶」來瞭解自己的家族故事，也有追本溯源的重要意義呵！

護送螃蟹過馬路——墾丁國家公園

趁著放暑假，爸爸帶天天去南部追逐豔陽的腳步；藍天、碧海與沙灘，是天天一家很愛的場景。

車子奔馳在屏鵝公路上，看著海水不斷拍著岸邊激起的浪花，天天突然發現路邊有一個牌子，上面畫了一隻螃蟹，還寫著「注意陸蟹，減速慢行」的字樣，天天好奇的問爸爸為什麼會有這個標語？

爸爸說：「這個標語的意思就是說，有小螃蟹要過馬路，請駕駛要小心開車，不要壓到小螃蟹了。」

爸爸找個安全的位置，把車停在路邊，帶天天下車看看；路面上真的有一些小螃蟹被快速行駛而過的車子壓死了，為了要保護大自然的生態才設立告示標語。

爺爺說：「每年的七到九月是墾丁各種陸棲性蟹類繁殖季節，主要活動時間是晚上；這些螃蟹必須歷經千辛萬苦的爬出山溝、橫越馬路，才能到達海邊繁殖，完成傳宗接代的任務！所以，今天晚上爺爺要給你一個任務：跟爸爸護送螃蟹過馬路！你準備好接受這個任務了嗎？」

天天說：「這是一個很有意義的活動，我一定要參加！」

到了晚上，天天及爸爸跟著社區解說員和巡守隊員拿著手電筒、穿著反光衣，靜悄悄的要護送這群抱著卵的螃蟹媽媽橫越馬路，到馬路另

一頭的海邊去產卵。這裡已經實施交通管制，路邊有志工正在向駕駛人解說保護陸蟹的概念——只要停看聽個幾分鐘，就可以讓陸蟹安全的通過馬路；而且，講話的聲音還要輕輕的，聲音太大會嚇到陸蟹。

當車子都停下來的時候，大夥兒安靜的看著成群結隊的螃蟹快速移動腳步；仔細聽的話，可以聽到這群螃蟹媽媽快速過馬路的腳步聲呵！天天覺得這真是一個奇妙有趣的夜晚啊！

隔天一早，爸爸帶大家到墾丁國家公園參觀。爸爸說：「墾丁有豐富的生態呵！幾百萬年前它是在海底，因為造山運動才由海裡冒出來；你可以仔細觀察，旁邊的岩石上應該有很多貝類化石。」

天天不相信可以找到貝殼化石，所以很仔細的一直找。突然，他看到一顆石頭上有一個白色扇形貝殼的樣子，便像發現寶物般的大叫：「快來看啊！真的有貝殼化石呢！」

爺爺笑著說：「很多人到墾丁是來度假、玩水上活動，卻不知道墾丁的海底世界也有漂亮的珊瑚礁，就像是一座漂亮的水晶宮！」

天天覺得不可思議：「真的嗎？那不就是一座漂亮的海龍王皇宮了！」

爸爸開玩笑的說：「是啊！是海龍王的皇宮，裡面還住著美人魚呢！」

在歡笑聲中，天天對墾丁的生態之美又多了幾分認識。在回飯店的路上，他在飯店的沙灘上踩著細細綿綿的沙，心裡想：「我明年暑假要學會潛水，再來墾丁看看爸爸說的美麗珊瑚礁水晶皇宮！」

給小朋友的貼心話

小朋友，除了墾丁的陸蟹以外，你還知道哪些保育類動物以及保護動物的活動呢？許多動物因人類的活動而瀕臨滅絕，保護這些動物是我們每一個地球人應盡的義務呵！

請你斟酌看——臺東三仙臺

離開了墾丁，爸爸從南迴公路開往臺東，穿越了層層相疊的山區，出了山區後眼前就是一片大海；海面靜靜的，看不出太平洋的海浪起伏。

今天往臺東主要是去三仙臺。爺爺在車上哼著描寫旅遊臺東的閩南語知名歌曲：「你若來臺東，請你斟酌看……紅頭嶼、三仙臺、美麗的海岸……」爺爺說：「我們今天的任務，就是要依照這首歌裡提到的景點與美食，來場『尋歌之旅』，體驗美麗的太平洋沿岸風光！」

沿著長長的海岸線抵達了三仙臺。天天問：「爺爺，這裡為什麼

要叫做『三仙臺』呢？是不是因為住著三個神仙？」

爺爺笑著回答：「你猜對嘍！三仙臺是個離岸小島，島上有三塊巨大的岩石，傳說是八仙中的呂洞賓、李鐵拐、何仙姑三位仙人登臨這座島時留下的，因而得名。」

來到了岸邊，天天看到一座波浪造型的橋橫跨在海上，興奮的大喊：「哇！好長而且好特別的橋呵！

有一、二、三……共八個拱形耶！」

爺爺一邊帶著大家走過拱橋到島上漫步、一邊解釋著：「你別小看這幾個拱形的橋面呵，這可是在設計時特別考量環境生態的保護才這麼做的。島上有多變的海蝕地形以及豐富的濱海植物生態，海底還有美麗的珊瑚礁和熱帶魚群，是花東海岸線海底景觀最美的地方呢！」

欣賞完小島上的自然風光，一家人走回本島後就在岸邊讓天天玩水。天天興奮的到了水邊，突然發現這裡的海岸跟其他地方常見的沙灘或礁岩不一樣；這裡的海岸都是一顆顆圓滑的鵝卵石，而且每個石頭都有豐富的花紋與不同的色彩。爺爺看到天天對這些石頭愛不釋手的樣子就說：「你知道為什麼這裡的海邊都是這種圓滑的鵝卵石嗎？那是因為臺灣東部地質結構複雜、礦石資源豐富，這些石頭在海邊被海浪長期的淘洗才會變得如此渾圓。」

一家人快樂的戲水，玩到全身都濕淋淋的，然後就坐在鵝卵石上吹著海風休息，喝著東海岸著名的洛神花茶，夏天的暑氣全消。

休息時放眼望去，天天發現岸上散布著些許垃圾，他覺得很奇怪：「爺爺，為什麼有人把垃圾丟在海邊呢？」

爺爺皺著眉說：「的確會有些人缺乏公德心、把垃圾隨手亂丟；但是，海邊的垃圾不只是來這兒的人丟的，有些是河流裡的垃圾一路漂進大海、再被海浪沖上岸的，甚至有些垃圾可能是隨著洋流從國外漂過來的呢！所以，我們一定要隨手把垃圾帶走，留下美麗的海岸。」

天天很開心今天能和爸爸媽媽、爺爺奶奶一起完成他的任務「尋歌之旅」。他喝著手上的洛神花茶，也開始跟爺爺哼著：「你若來臺東，請你斟酌看……洛神花紅茶沁涼透心肝……」

給小朋友的貼心話

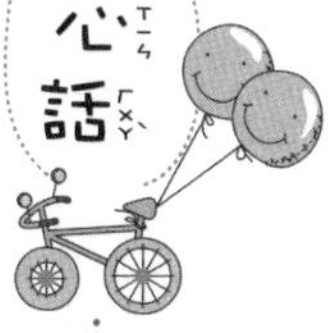

小朋友，是不是曾經在海邊看過空瓶、塑膠袋等垃圾？這些垃圾會隨著海流到處漂。慈濟的志工叔叔阿姨或哥哥姊姊們常會有「淨灘」的活動；若有機會，請和家人一起參加這個有意義的活動吧！

大自然奇景——花蓮太魯閣國家公園

爺爺想去花蓮探望老朋友，順道去太魯閣國家公園看看。天天的爸爸覺得，開車走蘇花公路的話，老人家跟小朋友會不舒服，所以訂了「太魯閣號」車票，準備來趟「太魯閣」之旅。天天開心的說：「搭太魯閣號去太魯閣，真是太棒了！」

週六一早，大家到臺北車站搭車前往花蓮。在火車上，爺爺對天天說：「太魯閣國家公園是臺灣在一九八六年成立的第四座國家公園，園內有第一條橫貫臺灣東西部的中橫公路通過。著名的太魯閣峽谷是立霧溪穿過大理岩而形成的，景色非常優美，你還可以在這岩壁上找到印地安酋長呢！」

「臺灣的岩壁上有印地安酋長？太奇怪了吧？」天天很懷疑。

爺爺說：「真的有！大自然就是這樣鬼斧神工！對了，你這次到太魯閣的任務，就是去尋找太魯閣國家公園的印地安酋長！」

一路上經過的東部海岸美麗風光，讓天天一直看著窗外；突然，他看到海中央的「一隻龜」，他知道已經到宜蘭了。火車繼續往南開，看著窗外的天空藍和太平洋美麗的深藍色，感覺天空跟海好像連在一塊。

到了花蓮，爸爸安排的車子就在火車站外面等他們了，他們直

接開往太魯閣國家公園的「砂卡礑步道」。爺爺說：「『砂卡礑』（Shakadang）是太魯閣語『臼齒』的意思。太魯閣族的祖先來到這個地方時，發現很多動物的臼齒，就把這裡叫做砂卡礑。」

天天發現，這步道入口的橋上有好多大理石做成的獅子，表情維妙維肖，每隻都不一樣，共有一百隻呢！步道兩邊的溪流顏色也藍得特別清澈！

他們接著來到「燕子口」。因為剛好是春天，成群的燕子在山谷中穿梭鳴叫。天天發現兩旁的峭壁上有好多洞穴，好奇的問：「這裡的燕子真厲害！竟然可以把堅硬的山壁挖出一個個洞穴築巢？」

爺爺說：「其實這並不是燕子築的巢，而是很久很久以前河流侵蝕沖刷、加上地殼隆起而形成的壺穴；剛好有大量燕子過境停留，所以大家才把這裡叫做燕子口。」天天恍然大悟，還以為這裡的燕子嘴特別硬呢！

大家再繼續往前參觀，爺爺突然停下了腳步，指著對岸的山壁叫天天看：「提示一下，你的尋寶任務在這裡呵！」

天天差點兒忘了要找印地安酋長！他順著爺爺手指的方向看過去，終於看到山壁因為溪水沖刷所形成的「印地安酋長」：眼窩、鼻子、下巴，加上岩石上的植物，真的像極了戴著羽冠的印地安人！

他們來到了「九曲洞」參觀，悠閒的走在涼爽的九曲洞步道。爸爸指著石壁上寫的「如腸之迴，如河之曲；人定勝天，開此奇局」幾個字說：「當年，先人們可是像蜘蛛人一樣，綁著繩子在這陡峭的山壁上慢慢開鑿出來的呵！」

天天覺得太不可思議了：「像蜘蛛人一樣？聽起來好厲害呵！」就在一路驚歎中，天天一家來到了位於天祥的飯店，在太魯閣國家公園做一個美麗的夢。

給小朋友的貼心話

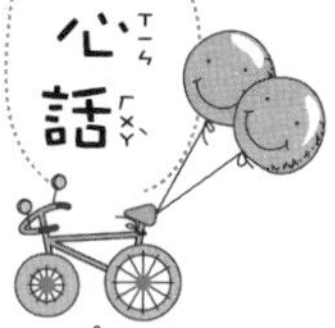

「國家公園」是為了要保護當地景觀、以及在當地生長的野生動物跟植物而設立的；所以，在國家公園裡不能抓或帶走任何動物跟植物，才能讓其他小朋友也能欣賞得到國家公園的美麗呵！

世外仙境——南投清境農場

以前在國外時，天天的爸爸很喜歡開著露營車載著天天和媽媽去露營，享受大自然的洗禮；回到臺灣後，卻一直抽不出時間露營。這次應老朋友的邀請，要一起去清境農場露營；天天聽到可以和其他小朋友一起露營、一起玩，覺得很開心。

這個週末，爸媽一早就準備好露營用的帳篷設備及食物，帶著天天往清境農場出發。

出發前，爺爺對天天說：「你這次的任務，就是帶一撮羊毛回來！」

天天有點怕怕的說：「我不敢去拔小羊的毛啦！這任務太難

了！」爺爺只是笑著跟天天說拜拜。

爸爸說：「這次一起露營的林叔叔是爸爸多年的好朋友，他們也會帶小朋友一起來，你要和他們好好相處呵！」

天天說：「爸爸不必擔心啦，我們會變成好朋友的！」

一路上，爸爸介紹了清境農場：「清境農場位於南投縣仁愛鄉，原本叫做『見晴農場』；行政院退除役官兵輔導委員會為了安置早年投身戰場的國軍退除役官兵及眷屬，便安排他們來這裡從事農墾開發。一九六五年，當年的行政院長蔣經國先生下鄉巡視，看到此地的景色清幽、氣候宜人、山勢壯麗，認為『清新空氣任君取，境地幽雅是仙居』，於是將名字改為『清境農場』。這裡也是被稱為『霧上桃源』的旅遊勝地呵！」

過了霧社之後，映入眼簾的是一棟一棟有特色的民宿建築，與兩旁的山景與藍天交織成一幅美麗的圖畫，彷彿置身國外。

到達營地之後，天天和林叔叔打過招呼，就主動幫忙爸爸搬露營設備下車，協助爸爸搭帳篷、釘營釘，幫媽媽洗碗筷、擺碗盤，是個十足的小幫手。媽媽忍不住稱讚：「天天表現這麼好，以後就可以常常出來露營嘍！」

整頓好之後，他們先到草原的畜牧區餵小羊，爸爸替小朋友們拔了很多牧草來餵羊。天天看著這些可愛的小綿羊，不禁問爸爸：「牠們的毛這麼厚，在這麼熱的天氣裡不會很熱嗎？我可以拔幾根羊毛、

完成爺爺給我的任務嗎？」

爸爸笑著說：「牧羊人會在適當的時機剪羊毛啦！待會兒爸爸帶你們去青青草原看趕羊秀及剪羊毛秀，或許你會有意想不到的收穫。」

來到青青草原後，天天說：「我覺得這裡的草原感覺很像電視上『天線寶寶』住的草原，綠油油的，還有好多羊在低頭吃草。」大家聽得都笑了。

趕羊秀要登場了，大約有幾十隻綿羊站在山頂上，一隻黑色的牧羊犬開始衝上山頭，對羊群發號施令，羊群便開始往山坡移動；如果有小羊脫隊了，牧羊犬就會對著牠叫，請小羊歸隊。不一會兒，羊群都被趕到柵欄裡了，大家都拍手叫好。

接著是剪羊毛秀。一個講著流利中文並夾雜著臺語的外國人，說話幽默風趣，剪羊毛的技術也很精湛，一下子就把毛絨絨的綿羊剃光了。天天說：「哇！原來剪下來的羊毛這麼大一團啊！」

外國人把羊毛丟向觀眾席，大家都撿起來帶回家作紀念；天天也跑去撿了一小團，高高的舉在頭上歡呼——任務完成！他忽然覺得：羊騷味好重呵！

天天跟林叔叔家的小朋友在草原上奔跑著玩。在這得天獨厚、具有歐洲風情的青青草原上，牛羊閒遊其中；爸爸看著天天在草原奔跑的身影，他放心了，他知道天天會越來越喜歡臺灣這個家的。

給小朋友的貼心話

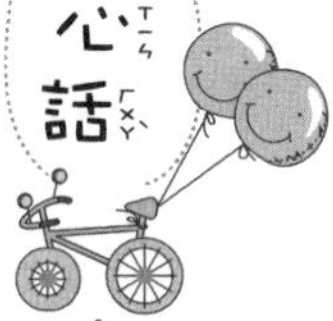

據報導，清境農場民宿有許多違建，恐怕會造成危險。小朋友，請你自己或跟爸爸媽媽一起想想看，當一家人要到景點旅行時，該選擇怎樣的旅館或民宿呢？

遍地忘憂草——花蓮六十石山

晚餐時，媽媽端出了好喝的金針湯，這是朋友上禮拜去花蓮賞金針花時買回來的伴手禮。

奶奶喝著湯說：「每年八月到九月正是金針花盛開的季節，也是六十石山人潮最多的時候；在那窄小的產業道路上，常擠滿了上山觀賞金針花海景觀的遊客呢！」

天天喝下一大口湯說：「真的嗎？原來，這麼好喝的金針湯是美麗的金針花煮成的。我好想看看金針花長什麼樣子呢！我們上次去過太魯閣，爸爸改天可以帶我去六十石山看金針花嗎？」

爸爸提議：「那麼，這個週末就去六十石山看那一片廣達三百公頃的金針花田吧！」

飯後天天問爺爺：「為什麼會被叫做六十石山呢？」

爺爺說：「『石』是計算穀子收成的量詞。在日據時期，一般田地每甲地的穀子收成大約只有四、五十石，這一帶的稻田每一甲卻可生產六十石穀子，因此被稱做六十石山。

「還有另一種說法是念成六十『石』山。在日據時期，這片山區原本是一片繁茂的樟樹林，卻為了煉製樟腦而被砍伐一空；後來發現，在空曠的山坡上散布著六十塊巨大的石頭，所以這裡就被命名為六十石山。」

一個字竟然有兩種解釋，天天覺得中文字真是奇妙！

週六一大早，天天一家來到了花蓮六十石山。沿著蜿蜒的山路往山上走去，滿山遍野的金針花海映入眼簾，藍天、白雲、綠地、金色花海相互輝映，美不勝收；尤其是這高高低低的山巒起伏，金針花海也隨著地形起伏，更是別有風光，令人心曠神怡。爸爸說：「難怪金針花又叫作『忘憂草』，真是一點也不錯！」

天天問：「金針花也有綽號啊？」爺爺說：「金針花還可稱作萱草、一日花——因為它開了一天的花後就謝了。」

看著這一片美麗的金針花田，路旁還有很多農民，頂著大太陽辛勤採收還沒開花的金針，這可是他們辛苦一整年所得到的美麗又美味的成果呢！

天天看到旁邊有一個牌子上面寫著：「看我、照我、請勿採我。」卻有一群遊客踩在金針花上拍照，把美麗的花海壓出一個凹洞。天天有點生氣的說：「牌子上面應該寫『看我、照我、請勿採我、也不能踩我』才對！」大家都稱讚天天的中文進步很多呢！

爺爺說：「既然今天看金針花這麼開心，爺爺給你的任務也很開心——去吃金針花做成的冰棒！」

「金針花能做成冰棒？」天天覺得這個任務真是奇怪。

不過，他們沒多久就找到道地的金針花冰棒；香香甜甜的口感，真的有金針花的味道呢！品嘗著消暑的金針花冰棒，天天又完成了今天的任務！

給小朋友的貼心話

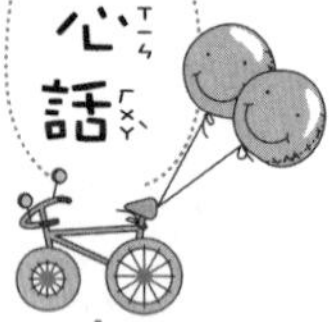

你有過和家人去賞花的經驗嗎？是否看過有些人為了拍出美麗的畫面而踩在花田裡？或是信手摘下美麗的花朵一起照相呢？這些都是很沒有公德心的行為呵！為了讓大家都能欣賞美麗的花朵及花海，要記得「勿採」也「勿踩」呵！

臺灣最高峰——玉山國家公園

玉山是臺灣最高峰，爺爺給天天的任務之一就是：到玉山一遊！天天向爸爸求救。爸爸說：「就算不能登玉山，我們也能到玉山國家公園去看看啊！」於是，在冬季裡的某一天，爸爸便開著車子載天天前往玉山國家公園。

沿著公路行駛，天天把臉貼在車窗上看著兩旁的遠山景象：「哇！這裡的山好像被水洗過一樣，好乾淨呵！」

爸爸笑著說：「天天啊，臺灣可是全球高山密度最高的地區之一呵！像登山界就有所謂的『百岳』，每座都是標高三千公尺以上的高山呢！我們今天來玩的玉山，就有一個百岳中最好爬的『石門山』步道；我們雖然不是老練的登山客，也可以很輕鬆的征服人生中第一座百岳呵！」

車子開到了武嶺，爸爸把車子停下來，帶著天天走到「武嶺亭」前說：「這裡就是武嶺，是臺灣公路的最高點，視野良好，可以眺望周圍峻峭的群山風光。」

天天興奮的欣賞著周圍的高山，爸爸接著說：「因為武嶺高度有三二七五公尺，到了冬天還常有機會下雪呢！」

天天更興奮了：「真的嗎？我長這麼大還沒機會看過雪呢！好可惜，今天沒有下雪。」

話才說完，天空突然開始下起了一場小冰雹，一小顆一小顆的冰雹從天上掉下來，有些掉在汽車的車頂上發出叮叮咚咚的聲音。天天興奮的大叫：「哇！下冰雹了！雖然不是下雪，遇到下冰雹也是好幸運呢！」

爸爸說：「是呀！天天你的運氣真的很不錯呢！」

天天好開心：「我今天上山真

是不虛此行了！冰雹一顆顆晶瑩剔透的樣子也很漂亮，打在車上的聲音還讓我想到老師教過的一句詩：『大珠小珠落玉盤』；爸爸，您說對不對呀？」

爸爸開玩笑說：「不錯唷！看來，天天還是有認真上課呢！」

下山途中，天天看著窗外的景色，突然興奮的叫著：「看哪！有好幾隻臺灣獼猴在路邊耶！」

爸爸把車子停在路邊，讓天天能看得更清楚，但他提醒天天：「臺灣獼猴是保育類動物；牠不但不怕人，甚至還會搶觀光客的食物。最好還是遠遠的觀賞就好，不要輕易靠近，以免被抓傷呵！」

天天點點頭回答：「嗯，我知道了！人類還是應該儘量不要干擾野生動物的生活，這樣才能和平共處呵！」

給小朋友的貼心話

小朋友，跟家人到山上去時一定要注意自己的安全。有時候看到一些可愛的野生動物，像是小臺灣獼猴之類的，千萬不要隨便餵食牠們；有時候，母猴可能會為了保護小猴而抓傷人呵！

國寶總動員——國立故宮博物院

對於從國外回來、對中國文化不熟悉的天天，爺爺強烈建議他一定要去參觀「國立故宮博物院」。

故宮博物院是臺灣規模最大的博物館，所擁有的六十多萬餘件文物是世界上最負盛名的古代中國藝術品珍藏，名列全球最受歡迎的藝術博物館之一，每年都有許多來自世界各地的人到這裡參觀。爺爺認為，在臺灣的小朋友更應該要到故宮參觀，才能增進對國寶文物的認識。

為了讓天天更瞭解這些古代文物，爸爸特別上網找了許多相關資料，其中有一部影片叫做〈國寶總動員〉；爸爸說：「這部影片中的主角有國寶級文物嬰兒枕、玉辟邪及玉鴨，故事的內容是敘述這三個主角如何尋找從翠玉白菜上飛走的螽斯，過程緊張刺激。之後還有續集〈國寶娃娃歷險記〉呢！」

天天說：「所以，嬰兒枕、玉辟邪、玉鴨還有翠玉白菜等都是在故宮博物院裡可以親眼看到的嗎？那我真的等不及要去故宮博物院找它們了！」

爺爺笑著說：「既然你這麼期待，就在故宮完成尋寶任務的最後一關——尋找翠玉白菜、肉形石、還有毛公鼎這故宮三寶！雖然這還不算是故宮裡面的真正國寶，但它們的名氣可是很響亮呵！」

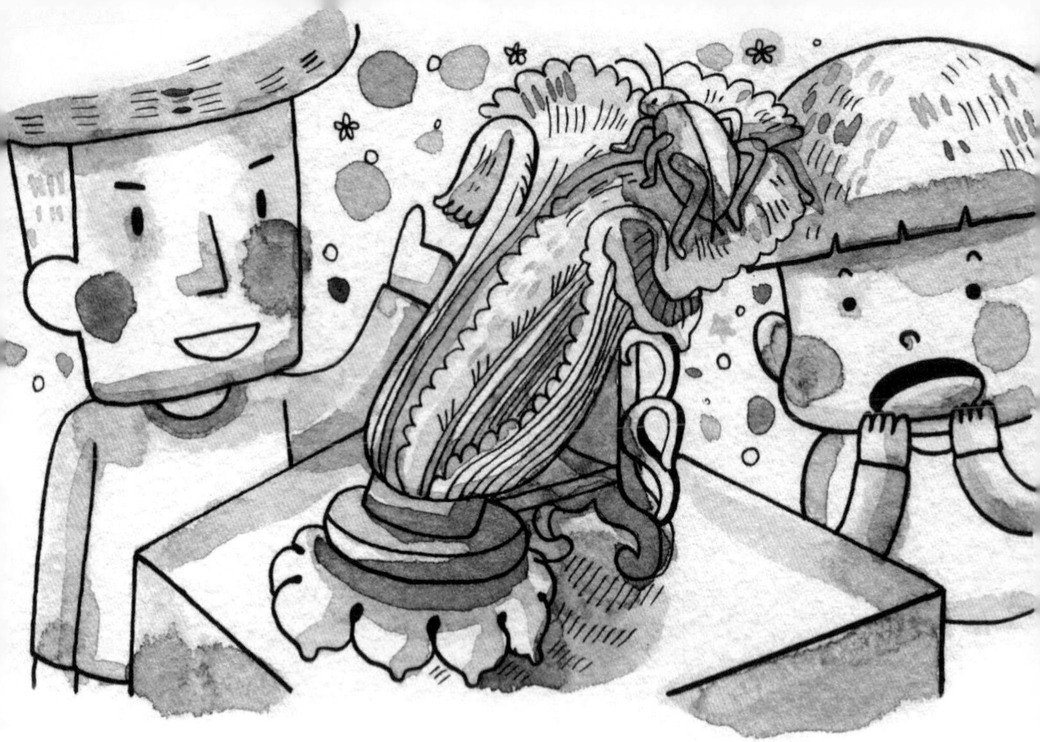

天天跟爸爸到了故宮，看到琳瑯滿目的古代文物，只好慢慢參觀。好不容易看到了「翠玉白菜」，他開心的小聲對爸爸說：「我找到了！我找到了！」天天在翠玉白菜上看到螽斯和蝗蟲，果然和影片提到的一樣，看起來栩栩如生。

後來，天天又和爸爸陸續找到了「肉形石」及「毛公鼎」；不過，還有好多文物沒參觀呢！

接近中午，天天的肚子「咕嚕、咕嚕」的叫了好幾聲。爸爸笑著說：「走吧！先去吃午餐。整個故宮博物院是個大寶庫，我們要花很多時間、來很多次才能欣賞完呢！」

天天說：「爸爸一定要常帶我來看呵！」

臨走前，爸爸看到這裡有專門為小朋友辦的主題研習營，讓小朋友能更深入的認識故宮博物院，爸爸就幫天天報名了。

這個營隊安排了許多活動，可以讓小朋友更瞭解故宮所珍藏的文物。在課程中介紹文物的造型、材質、技法與裝飾品味，也穿插歷史典故、民俗傳說、吉祥圖案等說明；搭配DIY動手做及現場導覽參觀，帶領小朋友進一步認識中華文化及故宮文物，並體驗生活中珍玩的美感、文雅與趣味。

天天自信的說：「再過不久，我就可以變成故宮小達人了！」

給小朋友的貼心話

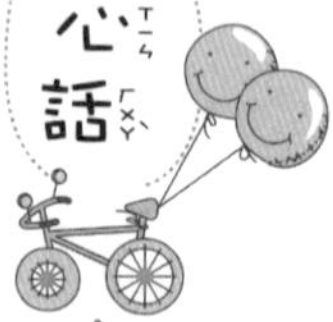

小朋友，參觀博物館或美術館時一定要保持安靜，千萬不可以在館中奔跑、嬉戲還有大聲喧嘩，也不能穿著拖鞋就跑進去。這些都是參觀博物館及美術館時要注意的重要禮儀！

任務完成！

「爺爺！我完成所有的任務嘍！」從故宮回來，天天馬上去向爺爺報告。

天天終於完成了爺爺交付的三十個任務，獲得完整的拼圖，拼成一張「藏寶圖」——寶藏原來是爺爺要留給他的古董音樂盒！

爺爺慈祥的對天天說：「天天啊，經過這些任務後，除了這個音樂盒，你覺得你還得到了什麼寶藏呢？」

「咦？還有寶藏嗎？」天天覺得有點驚訝。

他仔細回想，這段時間裡，為了完成任務，跟著爸爸媽媽到臺灣各地旅行找答案，漸漸喜歡上臺灣的風景、建築、小吃還有濃濃的人情味，也更瞭解臺灣的歷史文化。這些美好的事物，不就是臺灣這塊土地的「寶藏」嗎？

天天知道爺爺說的「寶藏」是什麼了！他開心的對爺爺說：「嗯！臺灣真是個『寶島』，我還要去發掘更多寶藏！」

國家圖書館出版品預行編目資料

天天遊臺灣 / 林雅萱 / 作；肥咪 / 繪—初版.
—臺北市：慈濟傳播人文志業基金會，
2015.09〔民104〕192面；15X21公分
ISBN 978-986-5726-23-2 (平裝)
1.臺灣遊記 2.通俗作品
733.6 104018571

故事HOME 34

天天遊臺灣

創辦者	釋證嚴
發行者	王端正
作者	林雅萱
插畫作者	房敬智（肥咪）
出版者	慈濟傳播人文志業基金會 11259臺北市北投區立德路2號
客服專線	02-28989898
傳真專線	02-28989993
郵政劃撥	19924552 經典雜誌
責任編輯	賴志銘、高琦懿
美術設計	尚璟設計整合行銷有限公司
印製者	禹利電子分色有限公司
經銷商	聯合發行股份有限公司 新北市新店區寶橋路235巷6弄6號2樓
電話	02-29178022
傳真	02-29156275
出版日	2015年9月初版1刷
建議售價	200元